Brötchen statt Brot:
Von Rohkost über vegan bis vollwertig Backen

Ute-Marion Wilkesmann

Für OneBBO

Brötchen statt Brot

Von Rohkost über vegan bis vollwertig Backen

Ute-Marion Wilkesmann

Bibliografische Information Der Deutschen Bibliothek:
Die Deutsche Bibliothek verzeichnet diese Publikation in der Deutschen Nationalbibliografie; detaillierte bibliografische Daten sind im Internet über <http://dnb.ddb.de> abrufbar.

Fotos & Design: Ute-Marion Wilkesmann

Herstellung und Verlag: Books on Demand GmbH, Norderstedt
ISBN 978-3833497704

Inhaltsverzeichnis

Einleitung

Im August 2004 habe ich angefangen, mit einem Brotbackautomaten Brot zu backen. Ich war begeistert, denn ich stand mit Hefeteigen damals auf Kriegsfuß. Im Mai 2005 habe ich in einem Backkurs endlich gelernt, wie ich mit Hefe umgehe. Da stand ich also mit meinem neuen Wissen und wollte nun zur Abwechslung statt der Automatenbrote gerne viele Brötchen backen. Es gab jedoch kein Rezeptbuch, das ausschließlich der Herstellung von Brötchen gewidmet ist. Warum eigentlich nicht?

- Brötchen backen schnell, lassen sich prima einfrieren und sind nach dem Aufbacken wirklich wie neu (9 Minuten bei 220 °C), während ich Brotscheiben nach dem Auftauen allenfalls noch toasten kann, damit sie schmecken.
- Brötchen lassen sich auch aus dem Tiefkühlschrank direkt in den Backofen legen, wenn Überraschungsbesuch kommt oder das Brot einmal ausgegangen ist.
- Brötchen können wir direkt frisch genießen, während Brot doch ein paar Stunden auskühlen sollte.
- Mit nur einem Teig und z.B. unterschiedlichen Körnern bringen wir schnell Abwechslung auf den Tisch, statt immer nur dasselbe „langweilige Brot“ anzubieten.
- Mit selbstgebackenen Brötchen können wir auch auf der Arbeit etwas Leckeres essen, statt uns mit Pappbrötchen aus der Kantine behelfen zu müssen.
- Brötchen sind köstlich, haben rundum eine leckere Kruste und sind immer willkommen.
- Gäste lieben frische Brötchen noch mehr als frisches Brot, Brötchen machen auch optisch viel her.
- Brötchen machen Spaß.
- Brötchen verdienen einfach einen eigenen Platz!

Selbstgebackene Brötchen sind auch immer ein kreatives Produkt und ich weiß: Hier sind keine Zusatzstoffe enthalten, weder deklarierte noch solche, die gar nicht deklariert werden müssen.

Gut habe ich mir überlegt, ob ich dem Buch einen ausführlichen Teil über die verschiedenen Getreide, die Geschichte des Brotbackens, die diversen Küchengeräte, Triebmittel usw. voranstelle. So interessant diese Themen auch sind, ich habe es gelassen: Zu diesem Thema gibt es schon so viele hervorragende Ausführungen, dass ich jeden, der vielleicht schon zwei oder drei Brotbackbücher besitzt, damit nur langweile. Wer sich dafür interessiert, findet gerade in den Vollwertbrotbackbüchern einen ausführlichen Teil dazu.

Ich mahle mein Mehl ausschließlich selbst und benutze fast immer frische Bio-Hefe bzw. Weinstein-Backpulver. Vermutlich funktionieren die Rezepte auch mit fertig gekauftem Mehl, jedoch habe ich das nicht ertestet. Einige Rezepte habe ich mit Trockenhefe ausprobiert, meine Begeisterung gilt jedoch der frischen (Bio-)Hefe.

Ich garantiere: Alle Brötchen, für die in diesem Buch Rezepte abgedruckt sind, habe ich in einer normalen Haushaltsküche gebacken. Die Rezepte habe ich beim Zubereiten mitgeschrieben, sie sind also Protokolle aus meiner Küche. Dies erklärt zum Beispiel auch, warum ich manche Dinge nicht immer auf dieselbe Weise durchführe. Ich habe in der Küche mitgeschrieben, spätere Erkenntnisse sind dann auch erst „in" spätere Brötchen eingeflossen.

Manche Brötchen sind Varianten von anderen Brötchen, manche Teigarten ähnlich in der Herstellung. Ich habe jedoch den ganzen Vorgang für jedes Rezept neu erklärt – wenn ich nach Rezept backe, will ich nämlich im entsprechenden Kochbuch auch nicht immer an drei verschiedenen Stellen nachschauen, sondern das Buch auf einer Seite offen geschlagen liegen lassen.

Damit Anfänger und Fortgeschrittene gleichermaßen die Rezepte nachbacken können, ohne sich über ein „zu viel" oder ein „zu wenig" zu ärgern, habe ich die Rezeptbeschreibung auf zwei Spalten verteilt: Links findet die gewiefte Backkraft die Kurzanleitung, rechts der hilflose Neuling eine genaue Beschreibung.

Einige Backzutaten wie Marzipan, Zitronat, gemahlene Orangenschale, Pestos stelle ich selbst her. Das sind die wenigen Ausnahmen, die ich nicht in jedem Rezept neu erwähne. Wer auch lieber alles aus eigener Hand verwendet, kann sich an diesen Rezepten orientieren, statt zu Fertigprodukten zu greifen.

Bezugsquellen

Einige der von mir verwandten Zutaten sind nicht überall zu bekommen. Ich habe dennoch keine Bezugsquellen angegeben. Erstens riecht das immer so ein wenig nach „Product Placement" und zweitens ändert sich das auch. Ein Lieferant, mit dem ich gestern noch zufrieden war, hat mich vielleicht heute enttäuscht. Oder es kommt eine neue Quelle hinzu. Hierzu empfehle ich einen Blick auf meine Webseite www.vollwertkochbuch.de. Wer mag, kann auch gerne eine E-Mail an vitalstoffreich@vollwertkochbuch.de schicken. Ich antworte.

Begriffserklärung

Seit einigen Jahren lebe ich vollwertig tiereiweißfrei nach Dr. Max O. Bruker. Was ist vollwertig, was tiereiweißfrei, wodurch unterscheiden sie sich von vegetarisch, und was ist überhaupt vegan?

Vegan: Veganer essen überhaupt keine Tierprodukte, also weder Fleisch, Milch, Käse noch Honig, aber durchaus Zucker, Margarine usw.

Vegetarisch: Fleisch wird strikt gemieden, Tierprodukte sind akzeptiert, manche Vegetarier essen auch Fisch.

Vollwertig: Die Grundregeln für die Vollwertigkeit lauten: kein Auszugsmehl, kein Industriezucker, keine Margarine oder Industriefette, keine Obstsäfte, jeden Tag: Vollkornbrot, Frischkost, gesunde Fette (Butter, kaltgepresste Öle), Frischkorngericht. Fleisch und Milchprodukte in geringerem Maße.

Vollwertig-Tiereiweißfrei: Fleisch und tiereiweißhaltige Produkte sind nicht im ansonsten vollwertigen Speiseplan enthalten. Erlaubt sind jedoch zusätzlich Sahne (süß und sauer), Creme fraiche, Schmand und Butter, weil der Tiereiweißteil hier so gering ist, dass auch die meisten Allergiker sie vertragen.

Die Brötchen in diesem Buch sind alle vollwertig-tiereiweißfrei und somit auch vegetarisch. Viele Brötchen sind auch für Veganer geeignet, das ist dann in der „Anmerkung" notiert.

Austauschmöglichkeiten

- **Ich habe jetzt gerade kein Einkorn im Haus, möchte das Rezept aber backen, geht das?**

Einfach durch ein anderes Getreide ersetzen. Wobei für das Gelingen wichtig ist, dass die Backeigenschaften in etwa ähnlich sind. Es gibt Getreide mit guten (hohem Kleberanteil) und solche mit schlechten (geringem oder keinem Kleberanteil) Backeigenschaften. Innerhalb dieser Gruppen lässt sich einfach austauschen.

Gruppe 1 (hoher Kleberanteil):
Weizen, Dinkel, Kamut, Emmer, Einkorn, Hartweizen

Gruppe 2 (niedriger oder kein Kleberanteil):
Quinoa, Amaranth, Buchweizen, Hafer, Gerste, Mais, Reis (Roggen)

Roggen ist ein Sonderfall: Austauschbar in dem hier genannten Sinne ist er bei reinen Hefeteigen. Roggen alleine wird nur mit Sauerteig zubereitet. Gebäckstücke ausschließlich aus den anderen Getreidesorten aus Gruppe 2 erfordern die Verwendung von Backferment (Firma Sekowa, nach Hugo

Erbe). Ansonsten empfiehlt sich: Die Getreide aus Gruppe 2 sollten nicht mehr als 15 bis 20 Prozent des Gesamtgewichts ausmachen.

- **Ich habe keine frische Hefe zur Hand, jedoch noch Trockenhefe, was tun?**

Achtung: Entgegen allem, was in vielen Backbüchern steht, gilt: ein Päckchen Trockenhefe = ein halber Würfel frische Hefe. Es gibt Teige, bei denen frische Hefe zuerst in Wasser oder Sahne aufgelöst wird. Dieser Schritt kann mit Trockenhefe entfallen. Trockenhefe geht nach meiner Erfahrung nicht so lebhaft wie frische. Ich verwende meist frische Hefe – und dann auch nur Bioware. Normale Hefe wird heute nämlich schon mittels Gentechnik hergestellt. Bei Verwendung von Vollkornmehl kann Hefeteig auch ohne die obligatorische Gabe von 1 Teelöffel Honig hergestellt werden.

- **Sauerteig selbst herstellen ist mir zu lästig / es klappt bei mir nicht. Was tun?**

In gut sortierten Lebensmittelabteilungen, Reformhäusern usw. können wir flüssigen Sauerteig in Beuteln kaufen. Der funktioniert sehr gut. Trockensauerteig hat nicht die treibende Wirkung wie „echter" Sauerteig, das ist also anders als bei frischer Hefe und Trockenhefe. Er gibt nur Geschmack und sollte durch Zugabe von Hefe als Triebmittel ergänzt werden.

- **Im Rezept steht, dass der Teig im Thermomix gemacht wird. Ich habe aber nur so ein Handrührgerät. Muss ich das Rezept jetzt auslassen?**

Der Thermomix ist ein Gerät, das viele Dinge auf einmal kann: zerhacken, mixen, rühren und gleichzeitig erhitzen. Die Teigherstellung ist auch ohne Spezialgerät möglich, zum Beispiel mit der Küchenmaschine oder mit den Knethaken. Und natürlich auch mit der Hand. Handarbeit erfordert die längste Knetzeit – dafür werden wir auch mit geringem Spülaufwand belohnt.

Backen mit frischer Hefe

Ich habe mich viele Jahre lang sehr schwer beim Backen mit Hefe getan. Ich verstand nie, warum manche Leute behaupten: „Backen mit Hefe ist die einfachste Sache der Welt". Erst nach einem Backkurs und weiteren eigenen Experimenten ist es mir gelungen, Hefe wirklich zum Wachsen zu bekommen.

Ich finde Hefe nach wie vor nicht „einfach", denn Hefe ist ein Lebewesen und will dementsprechend mit Aufmerksamkeit behandelt werden. Wenn ich akzeptiere, dass Hefe lebt, ärgere ich mich auch nicht mehr, wenn ein Teig an einem Tag prächtig und schnell geht, der gleiche Teig aber beim nächsten

Mal 20 Minuten länger braucht. Bei einigen Punkten habe ich erkannt, dass sie für mich den Unterschied ausmachten:

- Die Gehzeit: Die Zeitangaben sind mir in anderen Rezepten häufig ein Rätsel. Gehzeiten von 20 oder 30 Minuten funktionieren bei mir einfach nicht. Also nicht den Mut verlieren oder ungeduldig werden, wenn bei Befolgen eines Rezeptes die Teigkugel unverändert fest ist und sich das Volumen keineswegs verdoppelt hat. Wenn der Teig nach 45 Minuten noch unverändert ist – einfach weiter warten. Irgendwann geht die Hefe – es sei denn, sie ist schon tot. Aber ich habe selbst mit Hefe 2 Wochen nach dem Ablaufdatum noch prima gebacken.
  Generell gilt: Je feuchter der Teig, umso schneller geht er auch. Je höher der Hefeanteil, umso schneller geht der Teig. Am langsamsten geht also ein fester Teig mit wenig Hefe.

- Ganz wichtig ist: Die Schüssel mit dem Teig, der gehen soll, in eine Plastiktüte stecken.

- Stark gegangener Hefeteig braucht zu Beginn eine hohe Backofentemperatur, damit das "Gerüst" möglichst schnell gefestigt wird. Mir ist ein herrlicher Marmorkuchen, der prachtvoll gegangen war, einmal völlig klitschig zusammengefallen, weil ich ihm etwas Gutes tun wollte und bei geringer Temperatur gebacken habe!

- Die Meinungen darüber, ob sich unverabeitete Hefe einfrieren lässt, sind geteilt. Ich habe es versucht, bei mir hat es nicht geklappt – der Teig ging nicht mehr.

- Gebäck aus Hefeteig, wie Brot und Brötchen, wird beim Einfrieren besonders schön, wenn ich es in ein Küchenhandtuch einwickle, bevor es in die Plastiktüte kommen (da empfiehlt sich dann ein Aufkleber für den Inhalt).

- Wenn man Getreide frisch mahlt, hat man nicht jede Menge zusätzliches Mehl zur Hand – aber immer Flüssigkeit. Daher Flüssigkeit sorgsam einsetzen, sie kann im weiteren Verlauf leicht hineingearbeitet werden.

- Häufig habe ich gelesen, dass es sehr wichtig für das Gelingen eines Hefeteiges ist, dass alle Zutaten Zimmertemperatur haben. Das kann ich aus praktischer Erfahrung nicht nachvollziehen.

- Wenn Hefe vor der weiteren Verarbeitung mit Wasser angerührt wird, so liest man häufig „warmes Wasser verwenden". Andere empfehlen kaltes Wasser, weil der Teig schöner wird. Ich habe keinen großen Unterschied feststellen können, nehme jedoch heute meist kaltes Wasser. Denn wenn das Wasser zu warm ist, kann Hefe absterben. Temperaturen über 40 °C verträgt sie nämlich nicht.

Tipps

Backbücher

Beim Arbeiten mit Rezepten aus Backbüchern habe ich gelernt, vor allem mit den Flüssigkeits-, Salz- und Temperaturangaben sehr vorsichtig zu sein.

Ich weiß, dass es tolle Gäröfen gibt, die eine Temperatur von 30 bis 35 °C halten. Da geht so ein Hefeteig sicher in 30 Minuten um das Doppelte – in einer normalen Küche muss das nicht so sein.

Deshalb gilt gerade bei den Gehzeiten für Hefeteig: Vorsicht! In unseren normalen Küchen dauert es häufig viel länger. Das heißt nicht, dass wir schlechtere Bäcker sind. Wenn ich ein neues Rezept ausprobiere, nehme ich mir die Zeit auszutesten, wie lange ein bestimmter Teig braucht, um sein Volumen zu verdoppeln. Beim nächsten Mal kann ich dann besser kalkulieren.

Noch gravierender sind die Angaben der Flüssigkeitszugaben. Wer im Hinterkopf immer die Faustregel hat „etwa 350 ml Flüssigkeit – inklusive Eier, Butter, Sahne; Honig zum Teil angerechnet – pro 500 g Mehl" weiß, wann Vorsicht angebracht ist.

Zu beachten ist auch, dass Vollkorn- und Auszugsmehle andere Flüssigkeitsmengen benötigen. Ebenso können Erntebedingungen Einfluss auf die Getreide- und somit Mehlqualität und dann auch die Quellfähigkeit nehmen, was wiederum die Wasseraufnahmefähigkeit verändert.

Auch bei Backzeiten und Backtemperatur rate ich: Immer erst herantasten. Haushaltsbacköfen sind nicht streng temperaturgenormt.

Einfetten der Bleche

Mir ist das Einfetten von Backblechen zu aufwändig, vor allem hinterher auch das Spülen der Bleche. Ich nehme entweder Backpapier (und benutze es mehrmals, bis es „bröselt") oder Dauerbackfolie. Die Frage, was die Umwelt mehr schädigt – das ständige Spülen mit heißem Wasser oder die Verwendung von Backpapier und Folie – konnte mir noch niemand schlüssig beantworten.

Flocken

Nur frisch hergestellte Flocken haben den vollen Nährwert (s. hierzu auch „Mehl"). Sicherlich „funktionieren" die entsprechenden Rezepte auch mit fertig gekauften Flocken. Aber Achtung: Fertig abgepackte Flocken, auch aus dem Bioladen, sind aus Gründen der Haltbarkeit immer hitze- bzw. wasserdampfbehandelt.

Garprobe

Zuverlässig ist die Klopfprobe: Ein Brötchen vom Blech nehmen, mit einem Topflappen in einer Hand halten und mit der anderen Hand auf die Unterseite klopfen. Hören wir ein hohles Geräusch, ist das Brötchen fertig. Ein satter, matter Ton sagt uns: Wir müssen noch weiter backen.

Gewürze

Wir können fertig gemahlene Gewürze nehmen. Aber wer einmal ausprobiert hat, mit frisch gemahlenen Gewürzen zu backen, mag das nicht mehr missen. Kümmel, Anis, Fenchel, Koriander – sie alle können wir mit dem Getreide mischen und in der Getreidemühle mahlen, auch in einer Steinmühle. Um zu vermeiden, dass nachfolgendes Getreide leicht den Geschmack übernimmt, teile ich das Getreide in zwei Portionen: In die erste Portion kommen die Gewürze und werden mit gemahlen. Die zweite Portion „räumt" dann den Duft aus der Mühle.

Heißluftofen (Umluftofen)

Es gibt Stimmen: „Niemals in Heißluft backen, immer auf Ober- und Unterhitze stellen, sonst trocknet das Gebäck aus." Gerade bei Brötchen ist es jedoch angenehm, zwei Backbleche gleichzeitig einschieben zu können, das spart auch Strom. Ich sorge eben auf andere Weise (siehe auch „Wasserdampf" weiter unten) dafür, dass meine Brötchen nicht austrocknen. Alle Rezepte in diesem Buch wurden in einem Heißluftofen gebacken.

Kneten

Das händische Kneten dauert länger, aber das Gefühl für Teig und Teigbeschaffenheit ist unübertrefflich. Außerdem ist das Kneten von Teigen ein sinnliches Erlebnis, das wir uns ab und an einmal gönnen sollten.

Beim Kneten mit der Hand gibt es zwei Methoden. Die erste Technik ist vor allem beim Knetanfang hilfreich: Die Zutaten in eine Schüssel geben. Eine Hand zur Faust machen und mit dem Vorderteil der Faust (nicht dem Handballen) und am Rand der Schüssel auf die Masse drücken, dabei langsam mit der anderen Hand die Schüssel drehen. Bei der zweiten Methode habe ich schon einen relativ zusammenhängenden Teig, den ich auf eine glatte Fläche lege. Ich drücke ihn mit den Händen zu einem Rechteck. Dann schlag ich die vier Seiten zur Mitte, drehe das ganze Stück um 90 Grad und drücke den Teig allmählich flach und wieder auseinander.

Bei klebrigen Teigen empfehlen sich übrigens dünne Einmal-Handschuhe (OP-Handschuhe aus der Apotheke). An denen klebt weniger und die Hände bleiben sauber, auch wenn z.B. plötzlich das Telefon klingelt.

Mehl

Eines dann doch zum Mehl: Die wertvollen Stoffe im Vollkornmehl verflüchtigen sich leider schon nach wenigen Stunden. Insoweit lohnt sich die Anschaffung einer Getreidemühle. Und wer eine Mühle hat, sollte dann auch direkt nach dem Mahlen das Mehl verwenden. Wer noch nie eine Getreidemühle gesehen hat, sollte sich einmal umhören, ob vielleicht jemand im Bekanntenkreis eine Mühle hat (da gibt es mehr Leute, als wir denken): Es ist ein herrliches Gefühl, mit der Hand voll in warmes, frisch gemahlenes, duftendes Mehl zu fassen.

Wer keine Mühle hat, kann Mehl fertig kaufen oder sich im Bioladen z.B. frisch mahlen lassen. Besonders bei den Flüssigkeitsmengen heißt es dann: aufpassen. Wer das frisch gemahlene Mehl nicht sofort verbrauchen kann: Einfrieren. Dann verliert es kaum Nährstoffe.

Mengen

Grundsätzlich gilt: Ein gestrichener Teelöffel Salz auf 250 g Getreide. 300-350 ml Flüssigkeit auf 500 g Getreide. Diese Richtlinien helfen bei eigenen Experimenten und auch zur groben Kontrolle beim Studium neuer Rezepte. Weichen Rezepte sehr stark von diesen Mengen ab, gehen wir besser vorsichtig heran, damit wir nicht vielleicht am Ende vor einer versalzenen Getreidesuppe stehen, die kaum noch je zu einem leckeren Brötchen wird.

Sauerteig

Zur Herstellung von Sauerteig siehe Seite 38. Über die Haltbarkeit von selbst hergestelltem Sauerteig lesen wird die verschiedensten Ansichten: Zwischen „2 Tagen“ und „Einfrieren über Monate“ gibt es alles. Das Einfrieren habe ich nie ausprobiert. Aber im Kühlschrank in einem Glas mit Schraubverschluss hält er sich prima zwei Wochen. Das Prinzip ist so:

Ich nehme den Sauerteig aus dem Kühlschrank, verrühre ihn mit gleichen Anteilen Roggenmehl und Wasser und lasse das Gemisch gut abgedeckt über Nacht stehen. Von diesem Teig nehme ich 100 g ab, gebe sie in ein Glas und stelle das Glas wieder in den Kühlschrank. Dieser Vorgang heißt „Auffüttern“. Mein Sauerteig hatte bei Verfassen dieses Buchs eine Laufzeit von fast zwei Jahren. So richtig delikat ist er nach einem Jahr geworden.

Teigführung

Es gibt verschieden lange Teigführungen. Das heißt: Ich kann einen Hefeteig einmal gehen lassen, ich kann aber auch mit einer Teilmenge Mehl anfangen, und den Rest in verschiedenen Stufen hinzugeben und zwischendurch immer wieder gehen lassen. Je mehr Teigstufen ich wähle, umso geringer kann der

Hefeanteil sein. Wenn einmal die Zeit dafür da ist, lohnt es sich, einen Teig ruhig 4 oder 5 mal gehen zu lassen. Er wird herrlich locker.

Thermomix

Der Thermomix ist ein Gerät, mit dem sich mixen, hackseln, raspeln, rühren in verschiedenen Geschwindigkeiten und gleichzeitig kochen lässt. Für die Teigzubereitung kann ich auch andere Geräte wie Küchenmaschine, Zerkleinerer usw. verwenden.

Wasser

Nach einigen Misserfolgen habe ich ein gesundes Misstrauen gegenüber neuen Rezepten und ihren Mengenangaben entwickelt. Ich nehme erst einmal immer 100 bis 50 ml (g) Flüssigkeit weniger als angegeben und schaue, welche Beschaffenheit der Teig hat. Wasser nachträglich einarbeiten (vor allem mit der Hand) ist wesentlich einfacher, als das Wasser wieder aus dem Teig herauszutrocknen :-)

Ich habe mir angewöhnt, Wasser abzuwiegen, und nicht in einem Messbecher abzumessen. Eine Waage ist genauer. Messbecher weichen häufig von den wirklichen Maßen ab und dann wird das Nachvollziehen von Rezepten schwierig.

Gut, wenn wir da noch die Umrechnung im Kopf haben. Die Millilitermenge Flüssigkeit entspricht nämlich genau auch dem Gewicht, d.h.
1 Liter Wasser = 1000 ml = 1000 g
1/2 Liter Wasser = 500 ml = 500 g
1/4 Liter Wasser = 250 ml = 250 g
1/8 Liter Wasser = 125 ml = 125 g

Wasserdampf, mit Wasser besprühen und Schwaden

Die Frage „Ein Gefäß mit kochendem Wasser auf den Ofenboden stellen, ja oder nein?“ sollte jeder für sich ertesten. Im Backkurs habe ich gelernt: Das ist nicht nötig, wenn wir das Gebäck ausreichend einsprühen. Im Kurs traf das zu. Bei mir zu Hause jedoch habe ich mit den Wasserschwaden beste Erfahrungen gemacht, der Hefeteig geht besser. Die Erklärung ist, denke ich, einfach: In dem Backkurs standen Backöfen aus dem oberen Preissegment. Die halten dicht, da entweicht kein Wasser. Mein eigener Backofen ist da aber anders, und deshalb verwende ich jetzt regelmäßig zusätzliche Wasserschwaden.

Das Einsprühen der Teiglinge (= geformte Teigstücke) vor dem Backen und auch der fertigen Brötchen gibt eine schöne Kruste. Zum Einsprühen nehme ich eine Blumenspritze.

Zutaten

- Getreide, Gemüse und Obst kaufe ich aus der Biolandwirtschaft oder aus regionalem Anbau. Die Entscheidung fällt manchmal nicht so leicht: Soll ich einen Bio-Apfel kaufen, der aus Chile importiert wird, oder einen Apfel, der hier bei mir „um die Ecke" angebaut und mäßig-konventionell betreut wird?
- Schmand (24 % Fett) und Creme fraiche kaufe ich ausschließlich aus Bioproduktion, da herkömmliche Ware mit 10 % Zucker versetzt sein kann, ohne dass das auf dem Produkt angegeben sein muss. Wer keinen Schmand bekommt, nimmt Creme fraiche.
- Bei Ölen nehme ich ausschließlich native Öle aus kalter Pressung. Und auch hier meide ich die Billigprodukte. Wer sich einmal ein wenig mit Ölproduktion beschäftigt hat, wird sehen, dass es nicht möglich ist, ein hochwertiges Öl zu Schleuderpreisen anzubieten. Hier wird dann einer betuppt: Entweder der Käufer, weil ihm etwas Falsches angeboten wird, oder der Erzeuger, weil er zu Dumpingpreisen verkaufen muss. Ein sehr interessantes Gespräch hatte ich kürzlich mit einem hiesigen Ölmüller: „Ja", sagte er, „die kaltgepressten Öl, die Sie so billig im Supermarkt einkaufen, sind kalt gepresst. Aber niemand sagt Ihnen, dass das Öl dann anschließend mit heißem Wasserdampf bearbeitet wird – und dabei gehen natürlich die ganzen wertvollen Inhaltsstoffe verloren." Mit dieser Wasserdampfbearbeitung werden Geschmacksverschlechterungen durch Minderqualität oder auch Schimmelware überdeckt. Qualität hat eben ihren Preis.
- Auch bei Honig ist Vorsicht angebracht. Industriehonige werden häufig von Bienen gewonnen, die mit Zucker gefüttert werden. Selbst Biohonige sind nicht immer verlässlich, da häufig mit außereuropäischer Ware gemischt. Wir lesen ja gerade jetzt häufig in der Presse, unter welch schwierigen Umständen unsere Bienen leben. Verwiesen sei hier auf die Webseite http://www.BeeGood.de.
- Als Salz benutze ich ausschließlich jodfreies, fluorfreies Vollmeersalz ohne Rieselstoffe. Zwangsjodierung und Zwangsfluorierung sind wissenschaftlich nicht wirklich zu haltende Maßnahmen. Da das Industrieinteresse jedoch daran so groß ist, werden mahnende Stimmen einfach niedergeknüppelt. Der Glaube, dass wir in einem „Jodnotstandsland" leben, ist leider in vielen Köpfen fest verwurzelt. Ich empfehle hier u.a. die Lektüre von Frau Pauli, die als Jod-betroffene sehr fundierte Bücher zu dieser Problematik geschrieben hat (Die Jod-Lüge. Das Märchen vom gesunden Jod, von Dagmar Braunschweig-Pauli, März 2003).

Rohkostbrötchen

Dörrflädchen: mit Quinoa

Fast-Essener Brot: Roggenkeime

Rohfeine Gemüsebrötchen: keine Keime

Sternbrote: Linsen- und Weizen-Keime

Anmerkung:
Wer keinen Dörrautomaten hat, kann die Teiglinge im Sommer auch in der Sonne trocknen. Die vier Rezepte sind auch für Veganer geeignet.

Warum überhaupt Rohkostbrötchen?
Wer gerade eine Rohkostzeit einlegt oder insgesamt weniger Gekochtes/Gebackenes essen möchte, kann normales Brot durch „rohköstige" Brötchen ersetzen. Der Teig wird nie über 40-43 °C erhitzt, alle Bestandteile behalten daher ihre natürliche Eiweißstruktur und bleiben somit „Rohkost".

Dörrflädchen

- 100 g gekeimter Quinoa (4 Tage: ca. 2,5 Esslöffel; Keimen siehe Seite 54)
- 2 Teelöffel Olivenöl
- 1 Prise Salz
- 30 g Buchweizen

Quinoa im Zerkleinerer fein zerschlagen. Mit Olivenöl und Salz vermischen.

Buchweizen fein mahlen. Zu der Quinoamasse geben. Nochmals mit dem Zerkleinerer möglichst fein schlagen.

Mit den Händen nachkneten (ist klebrig). Fünf etwa 0,5 cm hohe Fladen formen (jeweils 1 Teelöffel Masse) und auf ein Dörrautomatensieb geben.

Zwölf Stunden bei 40 °C trocknen.

Fast-Essener Brot

- 200 g Roggen
- 1/2 Teelöffel Salz
- 1/2 gestrichener Teelöffel gem. Muskatnuss
- 1 Esslöffel Olivenöl
- 38 g Buchweizen
- 12 g Hafer

Roggen 2-4 Tage keimen lassen (Keimen siehe Seite 54).

Im Thermomix zerkleinern (1 Minute angefangen auf Stufe 4, hocharbeiten bis 6; noch mal 1 Minute bei 6, dabei immer wieder die Masse von der Seitenwand herunterdrücken) (alternativ: im Mixer).

Salz, Öl und Muskat untermischen lassen (10 Sekunden Stufe 4).

Buchweizen und Hafer fein mahlen, zu der Roggenmasse geben und auf Teigeinstellung 1 Minute verkneten lassen.

Ein Sieb vom Dörrautomaten mit Backpapier auslegen. Die Roggenmasse 8 bis 10 mm dick mit einem Teigschaber ausstreichen. Mit dem Teigschaber den Teig in handliche Stücke schneiden.

Zwölf Stunden bei 40 °C trocknen.

Rohfeine Gemüsebrötchen

- 50 g Mandeln
- 125 g Hafer
- 100 g Topinambur
- 190 g Möhren
- 130 g Schlangengurke
- 3 Esslöffel Sesamöl (kaltgepresst aus ungerösteten Samen)
- 1 Teelöffel Salz (nach Geschmack auch weniger)
- Frisch gemahlener Pfeffer

Zubereitung im Thermomix. Andere Geräte wie ein Mixer oder eine Küchenmaschine mit Hackmesser gehen vermutlich auch.

Hafer flocken. Mandeln grob hacken (im Thermomix 3 Sekunden Stufe 6; aus dem Thermomix nehmen).

Gemüse grob zerkleinern und dann mit der Maschine fein hacken (im Thermomix 10 Sekunden auf Stufe 6). Öl, Salz, Pfeffer und 50 g von den Haferflocken hinzugeben und verhacken (10 Sekunden auf Stufe 6).

Restliche Haferflocken und Mandeln hinzugeben, kneten (40 Sekunden auf Teigeinstellung kneten lassen, dann nochmals 2 Sekunden auf Stufe 6). Die Masse ist recht feucht.

Zwei Dörrautomatensiebe mit Backpapier auslegen. Mit einem Teelöffel Häufchen abstechen und zwischen den Händen zu kleinen Fladen formen. Nebeneinander auf das Backpapier legen

14 Stunden bei 40 °C dörren.

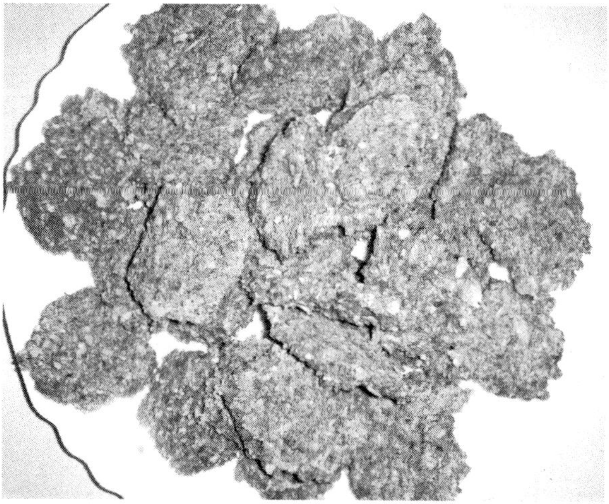

Sternbrote

- 3 Esslöffel Linsen
- 3 Esslöffel Weizen
- 1 Teelöffel Salz
- 2 Teelöffel Sonnenblumenöl
- 1 gute Prise gemahlener Kümmel
- 1 Prise Fenchel
- 100 g Dinkel

Linsen und Weizen getrennt ca. 2-3 Tage keimen lassen (Keimen siehe Seite 54).

Im Zerkleinerer mit häufigem Pulsen möglichst fein hacken. Mit den Händen weiterkneten. Salz, Öl und Gewürze unterkneten.

Dinkel mahlen und in zwei Portionen einkneten. Je nach Festigkeit der Masse noch 1 Esslöffel Mehl hinzufügen, bis sich ein Teig ergibt, der auf einer glatten Fläche nicht mehr klebt.

Teig ca. 3-4 mm dick ausrollen und Sterne ausstechen.

Zwölf Stunden bei 40 °C trocknen.

Anmerkung:
Ich habe ähnliche Rezepte öfter gelesen. Da steht: Keime durch den Fleischwolf drehen. Bei mir hat das nicht geklappt: Nach 3 Tröpfchen, nämlich ausgequetschten Keimen, kam nichts mehr. Ich habe mich mit dem ganzen Gewicht auf den Fleischwolf gestützt: Es ging nichts mehr, oben trat Brühe aus! Die feinen Sprossen und die Kerne hatten den Fleischwolf so zugesetzt, dass ich zum Saubermachen eine Viertelstunde gebraucht habe. Teilweise waren die Teile so ineinander „verkantet“, dass ich sie kaum auseinander bekam.

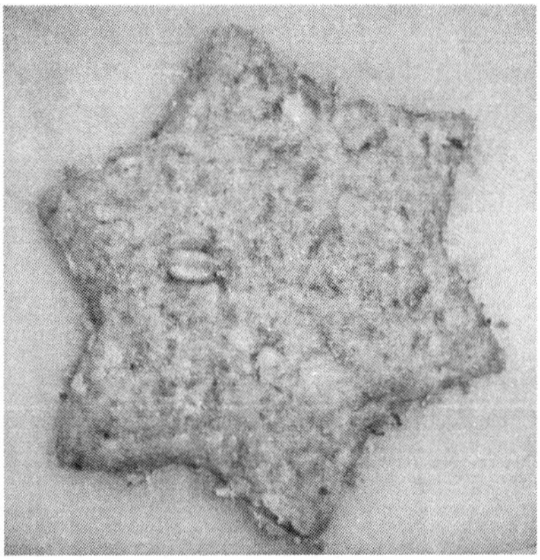

Fladenbrötchen

Beduinenfladen: mit Hefe und Schwarzkümmel

Fixe Fladen: sehr nasser Teig, mit Hefe

Haferfladen: mit Schmand und Hefe

Hirsefladen: ohne Triebmittel; mit Dill

Knusprige Haferflatschen: mit Sauerteig

Mineralfladen: mit Mineralwasser als Triebmittel

Overnight-Fladen: mit Hefe; gehen über Nacht

Platte Schmandfladen: mit tiefgekühlter Hefe

Quinoafladen: schnell und einfach, ohne Hefe

Beduinenfladen

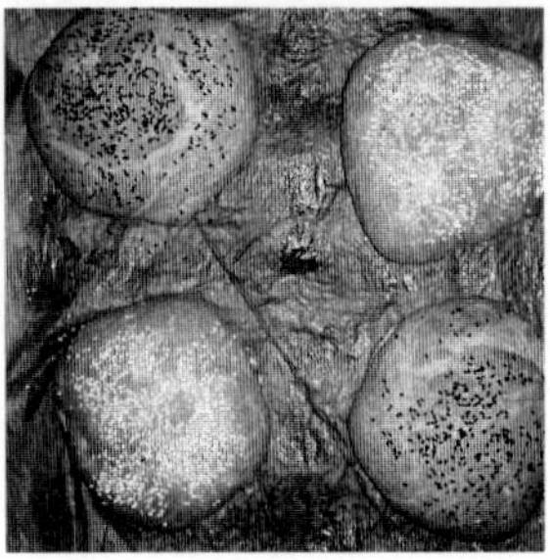

- 80 g Einkorn
- 220 g Weizen
- 200 g Dinkel
- 1 flacher Teelöffel Koriander, ungemahlen
- 1 gestr. Teelöffel Cumin (Kreuzkümmel), gemahlen
- 300 g warmes Wasser
- 1 Würfel Hefe (42 g)
- 2 Teelöffel Salz
- 1 gestrichener Teelöffel Honig
- 2 Esslöffel Sesamöl
- 1/2 Esslöffel Schwarzkümmel, ungemahlen
- 1/2 Esslöffel Sesam, ungeschält

Getreide mahlen

Getreide mit dem Koriander mischen und in der Getreidemühle fein mahlen. Mit Cumin mischen.

Hefe auflösen und Zutaten verkneten

Hefe in einem Teil des Wassers auflösen, in die Mitte des Mehls gießen und mit etwas Mehl verrühren. Das Salz an den Rand streuen. Mit dem Handrührgerät (Knethaken) anfangen zu kneten. Restliches Wasser, Honig und Öl hinzugeben. Wenn der Teig zu fest ist, die Knethaken ab und zu in Wasser tauchen. Gründlich durchkneten lassen.

20 Min gehen lassen

Rührschüssel in eine Plastiktüte stecken, Tüte zubinden und den Teig 20 Minuten gehen lassen. Noch einmal durchkneten.

Fladen formen, besprühen und bestreuen

Den Teig in 4 Portionen teilen. Mit nassen Händen Kugeln formen, auf ein mit Backpapier ausgelegtes Backblech legen und mit den Händen flach drücken (etwa 2-3 cm hoch). Mit Wasser besprühen, zwei Fladen mit Schwarzkümmel und zwei mit Sesam bestreuen.

20 Min gehen lassen
10 Min vorheizen

Backzeit:
15-20 Minuten;
Temperatur: 175 °C

Einen großen Plastikbeutel über das Blech ziehen, verschließen und den Teig 20 Minuten gehen lassen. In den letzten 10 Minuten den Ofen auf 175 °C (Umluft) vorheizen. Die Fladen nochmals mit Wasser besprühen und in den Ofen schieben. Auf einem Kuchengitter auskühlen lassen.

Anmerkung: 4 Fladen; Teigführung: 2 x; vegan: nein

Vegan: Honig weglassen

Fixe Fladen

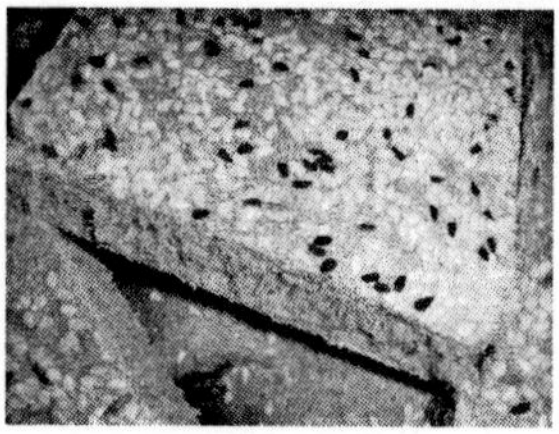

- 400 g warmes Wasser
- 1 Würfel Hefe (42 g)
- 50 g Hartweizen
- 100 g Buchweizen
- 350 g Dinkel
- 2 Teelöffel Salz
- 2 Esslöffel Apfelessig
- 3-4 Esslöffel Sesam, geschält
- 1-2 Teelöffel Schwarzkümmel

Hefe im Wasser verrühren

Getreide mahlen

Zutaten verrühren

Getreide mischen und fein mahlen. Salz unterrühren. Hefewasser, Getreide und Essig mit dem Handrührgerät zu einem Rührteig verrühren.

Auf das Blech streichen, bestreuen

Auf ein mit Dauerbackfolie ausgelegtes Backblech laufen lassen, mit einem Teigschaber (zwischendurch immer wieder in Wasser tauchen) glatt streichen. Mit Sesam und Schwarzkümmel bestreuen. Mit einem Messerrücken Stücke vor"schneiden".

15 Min gehen lassen
Vorheizen auf 220 °C

Fladen mit Wasser besprühen, Blech in eine große Plastiktüte stecken, Tüte zubinden und den Teig 15 Minuten gehen lassen. In der Zeit den Ofen auf 220 °C vorheizen.

Backzeit: 15-20 Min
Temperatur: 175 °C

Temperatur auf 175 °C (Umluft) stellen. 15-20 Minuten backen (evtl. Blech zwischendurch drehen), bis der Teig oben mittelbraun ist. Noch einmal kurz einsprühen.
Den vorgeschnittenen Linien entlang nachschneiden und auf einem Kuchengitter auskühlen lassen.

Anmerkung:
Schmeckt frisch schon köstlich! Lässt sich sehr gut einfrieren. Dies sollte ursprünglich ein Brot werden, dann hatte ich aber nicht mehr die Zeit, eine Stunde abzuwarten.

16 Fladen, Teigführung 1 x, vegan: ja

Haferfladen

- 50 g Hartweizen
- 400 g Dinkel
- 100 g Hafer
- 1 gehäufter Teelöffel Salz
- 1 gehäufter Esslöffel Schmand
- 330 ml Wasser
- 1 Würfel Hefe (42 g)
- 50-60 g Hafer

Getreide mahlen	Hartweizen und Dinkel mischen und in der Getreidemühle fein mahlen. Die 100 g Hafer ebenfalls fein mahlen (Hafer blockt evtl. bei gemeinsamem Mahlen die Mühle.)
Zutaten verkneten	Mehl mit Salz, Schmand, Wasser und Hefe in den Thermomix* geben und 4 Minuten auf „Teigeinstellung“ zu einem Teig verarbeiten lassen.
50 g Hafer flocken	Den restlichen Hafer flocken.
30 Min gehen lassen	Teig in einer Schüssel mit etwas Mehl dünn bestreuen, mit Folie abdecken und an einem warmen Ort 30 Minuten gehen lassen.
Kugeln formen. **20 Min gehen lassen**	In Portionen zu etwa 80 g teilen (abwiegen) und diese in der nassen Hand zu Teigkugeln formen. Die Kugeln mit einer Seite kurz in Wasser und dann in die Haferflocken tauchen. Auf ein Backblech mit Dauerbackfolie setzen, Backblech in einen großen Plastiksack geben und nochmals ca. 20 Minuten an einem warmen Ort gehen lassen.
Vorheizen: 200 °C	
Backzeit: 25 Minuten **Temperatur: 180 °C**	In den letzten 5 Minuten den Ofen auf 200 °C (Umluft) vorheizen, die Fladen mit Wasser besprühen und 25 Minuten bei 180 °C backen.

Anmerkung:
Die Fladen sind empfehlenswert: außen knusprig, innen locker.

** Ohne Thermomix geht es auch: mit der Hand, einer Küchenmaschine, einem Handrührgerät oder einem Mixer.*

Ergibt 12 Fladen; Teigführung: 2 x; vegan: nein

Vegan: Schmand ersetzen durch 1 gehäuften Esslöffel Mandelmus

Hirsefladen

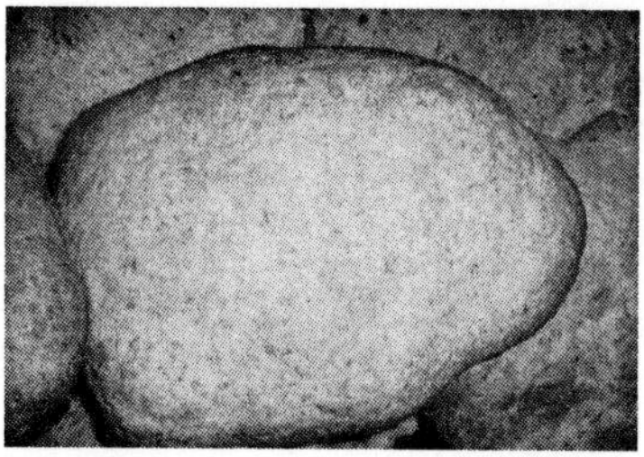

- 1 Würfel Hefe (42 g)
- 250 g kaltes Wasser
- 150 g Hirse
- 350 g Dinkel
- 1 gehäufter Teelöffel Salz
- 2 Teelöffel getrockneter Dill
- 5 Esslöffel Sonnenblumenöl

Hefe auflösen

Hefe in etwa der Hälfte des Wassers auflösen.

Getreide mahlen

Getreide mischen und fein mahlen. Salz und Dill (zwischen den Händen zerreiben), unterrühren. In die Mitte eine Mulde drücken, Öl und Hefewasser hineingießen. Mit einem Löffel verrühren, dann in der Schüssel mit der Hand weiterkneten (am Rand mit der geballten Faust niederdrücken, dabei die Schüssel drehen). Dabei den Rest des Wassers einarbeiten bzw. so viel, dass der Teig gerade anfängt, wieder ein wenig zu kleben.

Per Hand mit den anderen Zutaten verkneten (Vorsicht bei der Flüssigkeitszugabe)

40 Min gehen lassen

Schüssel in Plastiktüte stecken, mit Geschirrtuch abdecken und 40 Minuten gehen lassen.

Fladen zu je 70 g formen

Portionen zu etwa 70 g abnehmen, in der Hand zu Kugeln rollen. Kugeln zu kleinen Fladen von ca. 4-5 mm Höhe drücken, mit einer Gabel einstechen oder mit einem Messer kreuzweise einschneiden und mit Wasser besprühen. Auf zwei mit Dauerbackfolie ausgelegte Bleche legen.

In den kalten Ofen schieben

Bleche einschieben und den Ofen auf 225 °C (Umluft) stellen. Nach 15 Minuten die Bleche tauschen und drehen (d.h. das obere Blech kommt nach unten, mit der ehemaligen Vorderseite nach hinten gedreht). Nochmals 15 Minuten backen.

Backzeit: 30 Minuten
Temperatur: 225 °C

Die Fladen sollten schön goldbraun sein.

Nochmals mit Wasser einsprühen und auf einem Kuchengitter auskühlen lassen.

Anmerkung:
Die Fladen schmecken auch warm köstlich!
Ergibt 14 Fladen; Teigführung: 1 x; vegan: ja

Knusprige Haferflatschen

- 200 g Hafer
- 250 g Dinkel
- 250 g Roggen
- 500 ml Wasser
- 1 Würfel Hefe (42 g)
- 1 Teelöffel Salz
- 150 g Sauerteig (s. Seite 38)
- 100 g Kürbiskerne
- 50 g Haferflocken zum Bestreuen

Getreide mahlen, Hafer flocken	200 g Hafer flocken. Getreide mischen und fein mahlen, dann mit den Haferflocken mischen.
Vorteig herstellen, 15 Min gehen lassen	Hefe in etwa 100 ml Wasser auflösen und mit 4 Esslöffel des Mehls verrühren (= Vorteig). Zugedeckt etwa 15 Minuten gehen lassen.
Mit restlichen Zutaten verkneten	Vorteig mit restlichem Wasser, Salz, Sauerteig und Mehlmischung verkneten (Thermomix: 20 Sekunden Stufe 7, Teigeinstellung 3 Minuten).
30 Min gehen lassen	In eine Schüssel legen, in eine Plastiktüte stecken und ca. 30 Minuten gehen lassen.
Kerne unterkneten, Brötchen formen, mit Flocken bestreuen	Dann die Kürbiskerne unterkneten, mit nassen Händen Brötchen (je etwa 90 g) formen und nebeneinander auf zwei mit Dauerbackfolie ausgelegte Backbleche setzen. Mit Wasser besprühen, kreuzweise einschneiden, mit den Haferflocken bestreuen.
10-15 Min gehen lassen **Vorheizen auf 220 °C**	In dieser Zeit den Ofen auf 220 °C (Umluft) vorheizen. Die Bleche einschieben und 25 Minuten backen.
Backzeit: 25 Min **Temperatur: 220 °C**	Nach 15 Minuten Position der Bleche tauschen.

Anmerkung:
Wenn 150 g Sauerteig gebraucht werden, ist der Ansatz aus dem Kühlschrank (siehe Seite 38) mit mindestens 75 g Roggenmehl plus 75 g Wasser aufzufüttern (auffüttern ist der Fachausdruck für das Verrühren des Ansatzes mit gleichen Teilen Roggenmehl und Wasser).

Ergibt 17 Flatschen; Teigführung: 2 x; vegan: ja

Mineralfladen

- 100 g Dinkel
- 100 g Weizen
- 25 g Hirse (mahlen)
- 25 g Hirse (nicht mahlen)
- 1 Teelöffel Salz
- 2 Esslöffel Olivenöl
- 240 g Mineralwasser (mit Kohlensäure)
- Zum Bestreuen: 1-2 Esslöffel Sonnenblumenkerne

Getreide mahlen

Dinkel und Weizen mittelfein und 25 g Hirse fein mahlen.

Alle Zutaten zu einem Teig verrühren

Ungemahlene 25 g Hirse, Salz, Öl und Mineralwasser zum Mehl geben und mit einem Teigschaber gründlich verrühren.

1 Stunde quellen lassen

Den Teig mindestens 1 Stunde (bei mir waren es 2,5 Stunden) quellen lassen.

Fladen auf ein Blech setzen, mit Kernen bestreuen

Mit einem Esslöffel 9 flache Häufchen auf ein mit Backfolie ausgelegtes Backblech setzen. Mit Sonnenblumenkernen bestreuen, leicht fest drücken.

Nicht vorheizen
Backzeit: Ca. 25 Min
Temperatur: 175 °C
Nachbacken: 5 Min

In den kalten Backofen schieben. Bei mittlerer Hitze (175 °C Umluft) 20 Minuten backen, dann 5 Minuten im ausgeschalteten Backofen nachbacken lassen.

Noch heiß einsprühen und auf einem Kuchengitter auskühlen lassen.

Anmerkung:
Ergibt 9 Fladen;
Teigführung: 1 x;
vegan: ja

Overnight-Fladen

- 400 g Dinkel
- 2 Teelöffel Koriander (ungemahlen)
- 1 Teelöffel Kümmel (ungemahlen)
- 1 Teelöffel Anis (ungemahlen)
- 50 g Nackthafer
- 50 g Nacktgerste
- 2 Teelöffel Salz
- 1 Würfel Hefe (42 g)
- 300 ml Wasser
- Grobes Salz

Tipp:
Wer das Mehl nicht selbst mahlt, nimmt gemahlene Gewürze.

Getreide mit Gewürzen mischen und mahlen

Dinkel mit den Gewürzen mischen und fein mahlen, danach Gerste und Hafer ebenfalls auf feinster Einstellung mahlen und Salz untermischen.

Alle Zutaten bis auf das grobe Salz verkneten

Wasser, Mehlmischung und Hefe verkneten (z.B. Thermomix Einstellung „Teig" 2,5 Minuten).

8 Std. im Kühlschrank gehen lassen

Teig in eine Schüssel geben, gut in Plastik einpacken (bzw. Deckel aufsetzen) und über Nacht (mindestens 8 Stunden) in den Kühlschrank stellen.

Fladen formen, auf Backblech legen

Morgens den Teig in 104 g Portionen aufteilen (abwiegen), die einzelnen Teile gut durchkneten und zu fingerhohen Fladen formen. Nebeneinander auf ein mit Dauerbackfolie ausgelegtes Backblech legen, mit Wasser besprühen und mit dem groben Salz (Vorsicht, nicht zu viel!) bestreuen.

50 Min gehen lassen
Vorheizen auf 210 °C

Blech in eine große Plastiktüte geben, 50 Minuten gehen lassen.

Backzeit: 25 Minuten
Temperatur:
10 Minuten: 210 °C
15 Minuten: 175 °C

Ofen auf 210 °C (Umluft) stellen. Nach 10 Minuten das Blech in den Ofen (mittlere Schiene) schieben, nach 5 Minuten den Ofen auf 175 °C stellen und noch 20 Minuten backen (insgesamt also 25 Minuten).

Nachbacken: 5 Min

Noch 5 Minuten im ausgeschalteten Ofen stehen lassen, nochmals einsprühen und auf einem Kuchengitter auskühlen lassen.

Anmerkung: Ergibt 8 Fladen; Teigführung: 2 x; vegan: ja

Platte Schmandfladen

- 50 g Hartweizen
- 290 g Weizen
- 110 g Einkorn
- 50 g Amaranth
- 1 gehäufter Teelöffel Salz (= 8 g)
- 1 (tiefgekühlter) Würfel Hefe (42 g)
- 60 ml Wasser
- 65 ml Sahne
- 200 g saure Sahne
- 50 g Butter
- 2 Teelöffel Honig

Getreide mahlen, mit Salz mischen	Getreide mischen und in der Getreidemühle fein mahlen. Mit dem Salz mischen.
Hefe auflösen	Hefe in warmem Wasser und Sahne auftauen und auflösen.
Alles verkneten	Alle Zutaten in die Küchenmaschine geben und mit dem Hackmesser gründlich verkneten.
60 Min gehen lassen, kneten	Rührschüssel in eine Plastiktüte stecken, Tüte zubinden und den Teig 60 Minuten vor der warmen Heizung gehen lassen. Noch einmal mit der Hand durchkneten.
Fladen formen **40 Min gehen lassen**	Den Teig in Portionen zu je 100 g teilen. Fladen formen und auf ein mit Dauerbackfolie ausgelegtes Backblech legen. Mit Wasser besprühen, das Blech in einen großen Plastiksack stecken und den Teig 40 Minuten vor dem Backofen (Einstellung: 75 °C) gehen lassen.
Backzeit: 25 Min **Temperatur: 200 °C**	Fladen nochmals besprühen, das Backblech in den Ofen schieben und auf 200 °C (Umluft) stellen. 25 Minuten backen.

Anmerkung:
Widersprüchliches habe ich gelesen über die Möglichkeit, Hefe tiefzukühlen und dann wieder zu verwenden. Dies war dann mein eigener Versuch, die Hefe war etwa 2 Monate alt: Die Fladen schmeckten, aber gegangen ist der Teig praktisch gar nicht.

Ergibt 9 Fladen; Teigführung: 2 x; vegan: nein

Quinoa-Fladen

- 150 g Quinoa
- 350 g Dinkel
- 1 gehäufter Teelöffel Salz
- 1 Teelöffel Liebstöckel gemahlen
- 5 Esslöffel Olivenöl
- 260 g kaltes Wasser
- Zum Bestreuen je 1 Teelöffel: Sesam, Kümmel, Cumin, Schwarzkümmel, Leinsamen, Sonnenblumenkerne, grobes Salz

Getreide mischen und fein mahlen.

Teig mit Teigkarte / Hand kneten	Salz und Liebstöckl unterrühren. In die Mitte eine Mulde drücken, Öl und etwa 200 ml Wasser hineingießen. Mit der Teigkarte vermischen, dann in der Schüssel mit der Hand weiterkneten (am Rand mit der geballten Faust niederdrücken, dabei Schüssel drehen). Nach und nach so viel Wasser zugeben, dass der Teig gerade wieder anfängt, ein wenig zu kleben.
30-45 Min ruhen lassen	Schüssel in Plastik und Geschirrtuch wickeln und 30-45 Minuten ruhen lassen.
Fladen zu je 70 g formen, bestreuen	Portionen zu etwa 70 g abnehmen (wiegen), in der Hand zu Kugeln rollen. Kugeln zu kleinen Fladen von ca. 4-5 mm Höhe ausrollen und mit Wasser besprühen. Jeweils mit einer Ölsaaten- oder Gewürzsorte bzw. grobem Salz bestreuen, festdrücken. Auf ein mit Backpapier ausgelegtes Backblech legen.
Vorheizen: 10 Min **Backzeit: 25 Min** **Temperatur: 225 °C**	Ofen 10 Minuten auf 225 °C (Umluft) vorheizen, unten in den Ofen eine feuerfeste Schale mit Wasser stellen. Fladen nochmals einsprühen. Bleche einschieben. 25 Minuten backen. (Wer keinen Umluftofen hat, backt nacheinander.) Die Fladen sollten schön goldbraun sein. Nochmals einsprühen und auf einem Kuchengitter auskühlen lassen.

Anmerkung:
Gäste sagen sich kurzfristig an und nicht mal im Tiefkühlschrank ist ein Krümel Brot? Diese Fladen gehen supereinfach und schmecken warm (habe direkt zwei gegessen) ausgesprochen lecker.

Ergibt 12 Fladen; Teigführung: 1 x; vegan: ja

Sonderbrötchen

Brötchen ohne alles: ohne Triebmittel

Fraiche-fixe Cremebrötchen: mit Backpulver – gehen schnell

Hirsebrötchen: mit Honig-Salz-Vorteig

Kochbrötchen: Teiglinge in Salzwasser gekocht

Anmerkung:
Vieles, was es an Brotexperimenten gibt, lässt sich auch auf Brötchen übertragen. Backpulverbrötchen halten sich angeblich nicht so lange – das macht jedoch nichts, wenn ich sie einfriere. Andererseits haben solche Brötchen auch eine andere Konsistenz. Fazit: Einfach mal probieren!

Brötchen ohne alles

- 300 g Dinkel
- 100 g Weizen
- 1 gehäufte Teelöffel Salz
- 1 Teelöffel Bockshornkleesaat gem.
- 2 Esslöffel Rapskernöl
- 280-290 ml Mineralwasser

- 1-2 Esslöffel Öl für die Hände

Getreide mahlen
Getreide mischen und fein mahlen.

Mit den anderen Zutaten verkneten
Mit Salz und Bockshornkleesaat vermischen. Öl und 250 ml Mineralwasser hinzugeben. Erst mit einer Teigkarte mischen, dann mit der Hand kneten. Das restliche Wasser nach und nach einarbeiten. Es wird ein weicher klebriger Teig.

25 Min ruhen lassen
Abdecken und 20-25 Minuten ruhen lassen.

Vorheizen auf 200 °C
Ofen auf 200 °C (Umluft) vorheizen, auf den Boden eine feuerfeste Form mit Wasser stellen.

Brötchen formen, auf Backblech legen
2-3 Esslöffel Öl auf einen kleinen Teller gießen. Die Hände immer mit Öl benetzen. Mit einem Esslöffel Teig abstechen und in den geölten Händen zu Brötchen formen. Nebeneinander auf ein mit Dauerbackfolie ausgelegtes Backblech legen.

Backzeit: 25-30 Min
Temperatur: 200 °C
Mit Wasser besprühen und 25-30 Minuten bei 200 °C (Umluft) backen. Klopfprobe machen. Noch heiß einsprühen und auf einem Kuchengitter auskühlen lassen.

Anmerkung:
Ergibt 13 kleine Brötchen; Teigführung: 1 x; vegan: ja

Fraiche-fixe Cremebrötchen

- 200 g Weizen
- 300 g Dinkel
- 1 Päckchen Weinstein-Backpulver
- 2 Teelöffel Salz
- 50 g Leinsamen
- 15 g Honig (1 knapper Esslöffel)
- 300 g Creme fraiche
- 75 ml Wasser

Getreide mahlen	Getreide in der Getreidemühle fein mahlen. Mit Backpulver und Salz mischen.
Leinsamen mahlen	Leinsamen im Zerkleinerer oder Thermomix ganz fein mahlen.
Alle Zutaten maschinell verkneten	Alle Zutaten in den Thermomix geben und auf der Teigstufe 4 Minuten kneten lassen (oder mit der Küchenmaschine / mit der Hand arbeiten). Es ergibt sich ein schöner formbarer Teig, der nicht klebt und nicht krümelt.
Vorheizen auf 175 °C **70 g Portionen abwiegen**	Ofen auf 175 °C (Umluft) stellen und 70 g schwere Teigstücke abnehmen, in der Hand zu Kugeln rollen. Nebeneinander auf zwei mit Dauerbackfolie ausgelegte Backbleche legen.
Einschneiden	Oben mit der Schere einschneiden, gut einsprühen und in den Backofen schieben.
Backzeit: 25 Min **Temperatur: 175 °C**	25 Min bei 175 °C backen. Klopfprobe machen. Nochmals einsprühen, auf einem Kuchengitter auskühlen lassen.

Anmerkung: Ergibt 14 Brötchen: Teigführung: nein; vegan: nein

Hirsebrötchen mit Honig-Salz-Vorteig

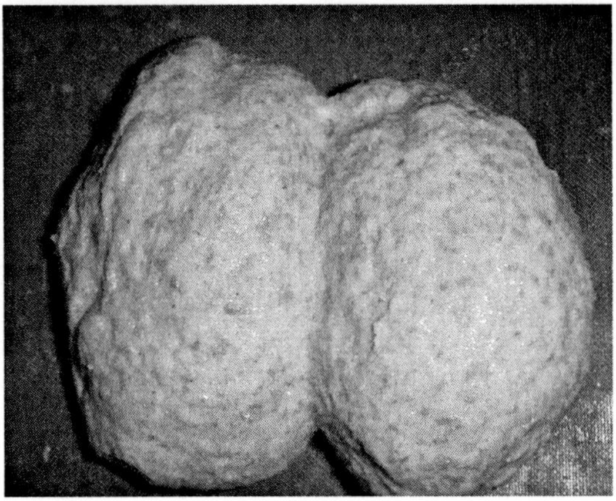

Am Morgen:

- 100 g Weizen
- 100 g Dinkel
- 1 gehäufter Teelöffel Honig
- 1 Teelöffel Salz
- 200 g warmes Wasser

Am späten Nachmittag (bzw. 10 Stunden später)

- 1/2 Würfel Hefe 21 g)
- 100 g Wasser
- 100 g Hirse
- 200 g Dinkel
- 1 Teelöffel Salz
- 1 Prise geriebene Mandarinenschale (siehe Seite 70; wahlweise Zitronen- oder Orangenschale)

Morgens:

Getreide mahlen, kneten, ruhen lassen	Getreide mischen, fein mahlen und mit Honig, Salz und Wasser verrühren. Schüssel mit einem nassen Tuch überspannen, dann in eine Plastiktüte stecken und warm stellen (zum Beispiel auf der Fensterbank über der Heizung).

10 Stunden später:

Hefe auflösen	Hefe in 100 ml Wasser auflösen
Getreide mahlen	Dinkel und Hirse fein mahlen und mit Salz und Mandarinenschale mischen
Alles verkneten	Teig vom Morgen, Hefewasser und Mehl erst mit einem Löffel mit Loch, dann mit den Händen 15 Minuten gut durchkneten. Der Teig löst sich dann vom Schüsselrand, aber klebt immer noch ein bisschen an der Hand.
1 Stunde gehen lassen	Den weichen Teig in der Schüssel in eine Plastiktüte stecken, warm stellen und etwa 1 Stunde stehen lassen.

Nochmals Kneten, Brötchen aus 2 x 40 g formen	Den Teig nochmals durchkneten, Portionen von 40 g abwiegen. Mit nassen Händen gut durchkneten, zu länglichen Brötchen formen und jeweils zwei nebeneinander auf ein mit Dauerbackfolie ausgelegtes Backblech setzen.
30 Min gehen lassen	Besprühen und in einer Plastiktüte nochmals etwa 30 Minuten gehen lassen.
Backzeit: 22 Min Temperatur: 200 °C	Die Brötchen auf die mittlere Leiste in den kalten Backofen schieben. Auf den Boden eine Schale mit kochendem Wasser setzen. 22 Minuten bei 200 °C (Umluft) backen.
	Klopfprobe machen, noch heiß mit Wasser besprühen und auf einem Kuchengitter auskühlen lassen.

Anmerkung:
Der Vorteig kann auch mit geschrotetem, nicht feingemahlenem Getreide hergestellt werden.

Ergibt ca. 20 Brötchen; Teigführung: 3 x; vegan: nein

Kochbrötchen

- 15 g frische Hefe
- 150 g Wasser
- 1 Teelöffel Honig

- 50 g Quinoa
- 250 g Dinkel
- 250 g Weizen

- 1 geh. Teelöffel Salz
- 90 g Sahne
- 110-120 g Wasser
- 15 g weiche Butter

Hefe und Honig auflösen

Hefe in 150 g Wasser auflösen, Honig einrühren.

Getreide mahlen

Getreide fein mahlen und mit dem Salz mischen.

Alle Zutaten verkneten

Alle Zutaten in eine Schüssel geben, nur von dem Wasser etwa 10-20 g zurückhalten. Erst mit einem Löffel mit Loch, dann mit den Händen 20 Minuten gut durchkneten: 10 Minuten in der Schüssel und 10 Minuten auf einer glatten Fläche. Dabei das restliche Wasser allmählich einarbeiten.

45 Min gehen lassen

Eine Teigkugel formen, mit Wasser besprühen und die Schüssel mit dem Teig in eine Plastiktüte stecken. 45 Minuten gehen lassen (der Teig hat sich dann im Umfang etwa verdoppelt).

Kneten und Teigstücke zu 40 g abwiegen

Den Teig nochmals kräftig durchkneten und Stücke von 40 g abwiegen. Mit den Händen zu Kugeln formen.

Teigkugeln in Salzwasser aufkochen lassen

Einen größeren Topf mit Wasser füllen, 1 Esslöffel Salz hinzugeben. Zum Kochen bringen. Jeweils 5 Teigkugeln zusammen in das kochende Wasser geben. Sobald die Kugeln oben schwimmen, mit einem Schaumlöffel herausnehmen, gut abtropfen lassen und nebeneinander auf ein mit Dauerbackfolie ausgelegtes Backblech setzen. Oben einschneiden.

30 Min gehen lassen
10 Min vorheizen auf 220 °C

Backblech in einer Plastiktüte etwa 30 Min gehen lassen. In den letzten 10 Min den Ofen auf 220 °C (Umluft) vorheizen und eine feuerfeste Schale mit kochendem Wasser auf den Boden stellen.

Foto: Nach dem Kochen

Backzeit: 15 Min
Temperatur: 220 °C

Auf die mittlere Leiste einschieben: Etwa 15 Minuten backen, die hellbraunen Brötchen müssen beim Klopfen gegen die Unterseite hohl klingen.

Noch heiß mit Wasser besprühen und auf einem Kuchengitter auskühlen lassen.

Foto: Nach dem Backen

Anmerkung: Brötchen 24 Stück; Teigführung: 2 x; vegan: nein

Sauerteig

1. Schritt	55 g Roggen – 55 g Wasser
2. Schritt	55 g Roggen – 55 g Wasser
3. Schritt	55 g Roggen – 35 g Wasser
4. Schritt	300 g Roggen – 300 g Wasser

(1. Schritt) 55 g Roggen fein mahlen und in einem höheren Glasgefäß mit 55 g Wasser (warm) verrühren. Auf ein Fensterbrett über der Heizung stellen und mit einem Geschirrtuch abdecken. (2. Schritt) Nach 24 Stunden 55 g Roggen mahlen und mit weiteren 55 g warmem Wasser zu dem Ansatz geben und verrühren. Wieder abdecken. (3. Schritt) Nach weiteren 24 Stunden nochmals 55 g Roggen mahlen und mit 55 g warmem Wasser zu dem Ansatz geben, verrühren und abdecken. Nach weiteren 24 Stunden ist der Sauerteigansatz fertig. Er wirft Blasen und riecht sauer. (4. Schritt) 300 g Roggen mahlen und mit den 300 ml Wasser und dem Sauerteigansatz ebenfalls gut unterrühren und in einer Schüssel mit einem Geschirrtuch abgedeckt über Nacht ruhen lassen.

Von diesem Sauerteig morgens 100-150 g in ein Glas mit Schraubdeckel füllen, mit etwas Mehl bestäuben und im Kühlschrank aufbewahren (bis zu gut zwei Wochen habe ich bisher keine Probleme gehabt). Den Rest für Gebäck verwenden.

Für die Weiterverwendung habe ich zwei Methoden:

(a) Auffüttern mit 300 g Roggen und 300 ml Wasser: Ansatz, Roggen und Wasser in einer Schüssel vermischen, mit einem Tuch abdecken und in eine Plastiktüte stecken. Über Nacht stehen lassen. Am nächsten Morgen wieder 100 g abnehmen für die „nächste Generation“ und den Rest in einem Brot verbacken (wird ein schön saures Brot).

(b) Wenn ich eine gezielte Menge Sauerteig brauche: Die Hälfte der benötigten Menge als Roggen, die andere als Wasser nehmen und damit auffüttern. Beispiel: Gebraucht werden für ein Brot 150 g. Also: Den vorhandenen Ansatz mit 75 g Roggen und 75 ml Wasser mischen, mit einem Tuch abdecken und in einer Plastiktüte über Nacht stehen lassen. Am nächsten Morgen die nötige Menge für das Brot entnehmen (nämlich 150 g) und den Rest wieder in einem neuen Schraubglas im Kühlschrank aufbewahren.

Auffüttern lässt sich auch mal mit Weizen, Dinkel usw. Der Geschmack ist dann weniger kräftig, der Sauerteig flüssiger.

„Richtig schön“ wird so ein Sauerteig nach etwa 30 Generationen.

Brötchen mit einfacher Teigführung

Brötchen von der Chefetage: mit Kamut

Chefbrötchen hoch 2: mit Einkorn und Kernen

Geburtstagsbrötchen: mit Kürbiskernen

Mandelbrötchen Partysize für den Abend: mit Mandeln und Gerste. Morgens für den Abend ansetzen

Pimentierte Brötchen: mit Piment; gehen über Nacht

Reisebrötchen: mit Trockenhefe, einfach in fast jedem Haushalt herzustellen (kann ich als Gast backen)

Anmerkung:
Diese sechs Brötchensorten haben alle eins gemeinsam: Sie sind sehr einfach herzustellen, der einzige Trick ist, dass sie über mehrere Stunden gehen müssen. Das aber wiederum macht sie auch gerade problemlos – abends ansetzen, morgens backen. Damit können wir uns als Gast beliebt machen, wenn wir anbieten, den Gastgebern frische Brötchen zum Frühstück zu servieren. Der Teig ist auch sehr geduldig, sodass wir mit jeder Maschine und auch verschiedenen Mehlen arbeiten können. Ich habe sie zwar nie mit Fertigmehl ausprobiert, schätze jedoch, dass das genauso gut geht. Auch praktisch, wenn abends Gäste kommen – einfach morgens den Teig ansetzen.

Brötchen von der Chefetage

- 350 g Kamut
- 350 g Dinkel
- 2 Teelöffel (= 16 g) Vollmeersalz
- 450 ml kaltes Wasser
- 50 ml Weinessig
- 1/2 Würfel Hefe (21 g)

Zum Bestreuen:

- 1 Esslöffel Leinsamen
- 1 Esslöffel Sesam

Getreide mahlen	Getreide mischen und in der Getreidemühle fein mahlen.
Alle Zutaten mit einer Maschine verkneten	Alle Zutaten in den Thermomix geben (Flüssigkeiten zuerst; Hefe obenauf bröseln) und 4 Minuten auf „Teigeinstellung" zu einem Teig verarbeiten lassen.
Über Nacht gehen lassen	Teig in eine Schüssel geben, die ein doppeltes Volumen locker zulässt. Gut in Plastiktüten verpacken und über Nacht warm stehen lassen.
Mit Löffel Brötchen abstechen, in Sesam und Leinsamen tauchen	Die Brötchen nicht mehr bearbeiten, sondern mit einem nassen Löffel zehn passend große Stücke abnehmen und mit nassen Händen rasch zu Brötchen formen. In Leinsamen und Sesam tauchen und auf ein mit Dauerbackfolie ausgelegtes Backblech setzen.
Vorheizen: 225 °C Backzeit: 20 Min Temperatur: 10 Min: 225 °C 10 Min: 175 °C	Den Ofen auf 225 °C (Umluft) vorheizen, 10 Minuten bei 225 °C und 10 Minuten bei 175 °C backen. Klopfprobe machen. Auf einem Kuchengitter auskühlen lassen.

Anmerkung:
Den Namen hat das Rezept, weil es an eine „Erfindung" des ehemaligen Chefs der Manzwerke (Manz-Backöfen) angelehnt ist.

Ergibt 10 Brötchen; Teigführung: 1 x; vegan: ja

Chefbrötchen hoch 2

- 240 g Einkorn
- 460 g Dinkel
- 75 g Sonnenblumenkerne
- 2 Teelöffel (= 16 g) Vollmeersalz
- 450 ml kaltes Wasser
- 50 ml Weinessig
- 1/2 Würfel Hefe (21 g)

Getreide mahlen

Getreide mischen und in der Getreidemühle fein mahlen.

Alle Zutaten mit einer Maschine verkneten

Alle Zutaten in die Küchenmaschine geben (Flüssigkeiten zuerst; Hefe obenauf bröseln) und mit dem Hackmesser einige Minuten mit „Pulse" verkneten, dann durchrühren lassen.

6-7 Stunden gehen lassen

Teig mit dem Teigschaber in eine Schüssel geben, die ein doppeltes Volumen locker zulässt. Gut in Plastiktüten verpacken und 6-7 Stunden gehen lassen.

Mit Löffel Brötchen abstechen

Die Brötchen nicht mehr bearbeiten, sondern mit einem nassen Löffel Stücke (je ca. 70 g) abstechen und zwischen den Händen zu einer Kugel formen (nicht mehr kneten). Auf zwei mit Dauerbackfolie ausgelegte Bleche verteilen.

Vorheizen: 225 °C
Backzeit: 20 Min
Temperatur:
10 Min: 225 °C
10 Min: 175 °C

Ofen auf 225 °C (Umluft) vorheizen, 10 Min bei 225 °C, 10 Min bei 175 °C backen. Klopfprobe!

Anmerkung:
13 Brötchen;
Teigführung: 1 x;
vegan: ja

Geburtstagsbrötchen mit Kürbisintarsie

- 75 g Kürbiskerne

- 65 g Buchweizen
- 50 g Hartweizen
- 50 g Gerste
- 535 g Dinkel
- 2 Teelöffel Vollmeersalz

- 50 g Apfelessig
- 450 g Wasser
- 1/2 Würfel Hefe (21 g)

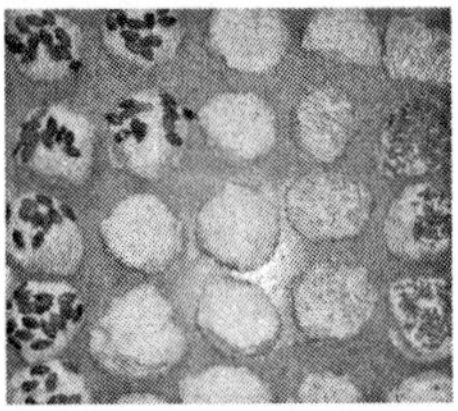

- Zum Bestreuen: je 1-2 Esslöffel Sonnenblumenkerne, Kürbiskerne, Leinsamen, Sesam

Getreide mahlen	Bei Planung der Brötchen für die Feier abends, morgens um 6 Uhr anfangen: Getreide mischen und fein mahlen.
Alle Zutaten mit einer Maschine verkneten	Kürbiskerne im Thermomix oder Zerkleinerer fein mahlen. Alle Zutaten in den Thermomix geben (Flüssigkeit unten) und 4 Minuten auf Teigeinstellung kneten lassen.
Ca. 9 Stunden gehen lassen	In eine große Schüssel füllen (mehr als doppeltes Volumen), in eine Plastiktüte verpacken und bis spätnachmittags (ca. 16 Uhr) stehen lassen.
Mit Löffel Brötchen abstechen, in Ölsaaten tauchen **Vorheizen: 225 °C**	Die Brötchen nicht mehr bearbeiten, sondern mit einem nassen Esslöffel 25 Stücke (Kugeln mit etwa 4 cm Durchmesser) abgreifen. Mit nassen Händen zu Brötchen formen, mit einer Seite in Ölsaaten stippen und auf das Blech setzen
Backzeit: 20 Min **Temperatur:** **10 Min: 225 °C** **13 Min: 175 °C**	Den Ofen auf 225 °C (Umluft) vorheizen, 10 Minuten bei 225 °C und 10 Minuten bei 175 °C backen. Klopfprobe machen. Nach dem Backen kurz mit Wasser besprühen.

Anmerkung:
Für die Geburtstagsfeier: Dazu eine Salatplatte mit 2 Salatsoßen, Butter, etwas Käse (für die Gäste), 2 Sorten Plätzchen, Apfeltartlets, Knäckebrot, Pralinen & Eis – alles aus eigener Küche (außer Käse & Butter natürlich).

Ergibt 25 Brötchen; Teigführung: 1 x; vegan: ja

Mandelbrötchen Partysize für den Abend

- 50 g ganze Mandeln

- 100 g Gerste
- 60 g Hartweizen
- 540 g Dinkel
- 2 Teelöffel Vollmeersalz

- 50 g Apfelessig
- 450 g Wasser
- 1/2 Würfel Hefe (21 g)

Zum Bestreuen:

- 2-3 Esslöffel Mohn

Getreide mahlen	Für eine Party am Abend: Morgens um 6 Uhr anfangen. Getreide mischen und fein mahlen.
Alle Zutaten mit einer Maschine verkneten	Mandeln im Thermomix oder Zerkleinerer fein mahlen. Alle Zutaten in den Thermomix geben und 4 Minuten auf Teigeinstellung kneten lassen.
Ca. 10 Stunden gehen lassen	In eine große Schüssel füllen (mehr als doppeltes Volumen), in eine Plastiktüte verpacken und bis abends (ca. 17 Uhr) stehen lassen.
Mit Löffel Brötchen abstechen, in Mohn stippen **Vorheizen: 250 °C**	Die Brötchen nicht mehr bearbeiten, sondern mit einem nassen Esslöffel 20 Stücke (60-80 g; Kugeln mit etwa 4 cm Durchmesser) abgreifen. Mit nassen Händen zu Brötchen formen, mit einer Seite in Mohn stippen und auf das Blech setzen.
Backzeit: 23 Min **Temperatur:** **10 Min: 225 °C** **13 Min: 175 °C**	Den Ofen auf 250 °C (Umluft) vorheizen, 10 Minuten bei 225 °C und 13 Minuten bei 175 °C backen. Klopfprobe machen Nach dem Backen kurz mit Wasser besprühen und auf einem Kuchengitter auskühlen lassen.

Anmerkung:
Anhand dieser sechs ähnlichen Rezepte lässt sich gut zeigen, wie wir aus einem Grundrezept ganz verschiedene Brötchensorten schaffen können. Wir können die Zugaben wie Nüsse und Ölsaaten ändern, die Getreidezusammensetzung und schließlich auch noch die Brötchengröße. Oder auch einfach noch Gewürze hinzugeben.

Ergibt 20 Brötchen; Teigführung: 1 x; vegan: ja

Pimentierte Brötchen

- 150 g Roggen
- 300 g Weizen
- 250 g Dinkel
- 1 gestrichener Teelöffel gemahlener Piment

- 50 g Apfelessig
- 450 g Wasser
- 2 Teelöffel Salz
- 1/2 Würfel Hefe (21 g)

Getreide mahlen

Getreide mischen und in der Getreidemühle fein mahlen.

Alle Zutaten maschinell verkneten

Alle Zutaten sehr gründlich verkneten.

Über Nacht gehen lassen

In eine große Schüssel füllen (mehr als doppeltes Volumen), in eine Plastiktüte verpacken und bei Raumtemperatur über Nacht stehen lassen.

Mit Löffel Brötchen abstechen, in Sonnenblumenkerne stippen

Vorheizen: 225 °C

Die Brötchen nicht mehr bearbeiten, sondern mit einem nassen Löffel passend große Stücke (80-120 g) abgreifen. Mit nassen Händen zu Brötchen formen, mit einer Seite in Sonnenblumenkerne stippen und auf das Blech setzen.

Backzeit: 25 Min
Temperatur:
10 Min: 225 °C
15 Min: 200 °C

Den Ofen auf 225 °C (Umluft) vorheizen, 10 Minuten bei 225 °C und 15 Minuten bei 200 °C backen. Klopfprobe machen. Sie sind erst richtig lecker, wenn sie mittelbraun sind. Auf einem Kuchengitter auskühlen lassen.

Anmerkung:
Ergibt 8-10 Brötchen; Teigführung: 1 x; vegan: ja

Reisebrötchen

- 700 g Sechskornmischung
- 2 Teelöffel (= 16 g) Vollmeersalz
- 450 ml kaltes Wasser
- 50 ml Apfelessig
- 1 Päckchen Trockenhefe

Getreide mahlen	Getreide fein mahlen.
Alle Zutaten mit einer Maschine verkneten	Alle Zutaten gründlich verkneten.
Über Nacht gehen lassen	In eine große Schüssel füllen (mehr als doppeltes Volumen), in eine Plastiktüte packen und bei Raumtemperatur über Nacht stehen lassen.
Mit Löffel Brötchen abstechen **Vorheizen: 225 °C**	Die Brötchen nicht mehr bearbeiten, sondern mit einem nassen Löffel passend große Stücke (80-120 g) abgreifen. Mit nassen Händen zu Brötchen formen und auf das mit Backpapier ausgelegte Blech setzen
Backzeit: 25 Min **Temperatur:** **10 Min: 225 °C** **15 Min: 200 °C**	Den Ofen auf 225 °C (Umluft) vorheizen, 10 Minuten bei 225 °C und 15 Minuten bei 200 °C backen. Klopfprobe machen und auf einem Kuchengitter auskühlen lassen.

Anmerkung:

Die Brötchen sind absolut einfach zu machen, auch in fremden Haushalten, eignen sich also für Vollwertinteressenten so als Anschauungs- und Ankauungsmaterial. Einfach eine kleine Mühle ins Handgepäck, ein bisserl Getreide (vielleicht gibt es beides schon am Zielort?) – Trockenhefe und Wasser gibt es doch fast in jedem Haushalt.

Ergibt etwa 9 Brötchen; Teigführung: 1 x; vegan: ja

Baguettebrötchen

Dillbrötchen: hier mit getrocknetem Dill

Fixe Brötchen: dauern insgesamt 75 Minuten

Kümmelküchlein: hat einen Blätterteigeffekt

Utes Dinkelbrötchen: gehen einfach

Zwiebelbrötchen in einem Schritt: der „eine“ Schritt umfasst Gehzeit *und* Zubereitung

Anmerkung:

Im Gegensatz zu den ersten 6 Brötchen mit einfacher Teigführung gehen diese – bis auf eine Ausnahme – erst als geformte Brötchen. Das verkürzt nicht unbedingt die Arbeits-, aber die Wartezeit.

Baguettebrötchen

- 200 g Einkorn
- 250 g Dinkel
- 50 g Grünkern
- 2 Teelöffel Vollmeersalz
- 300 ml warmes Wasser
- 25 ml Sonnenblumenkernöl
- 1 Würfel Hefe (42 g)
- 1 Teelöffel Honig

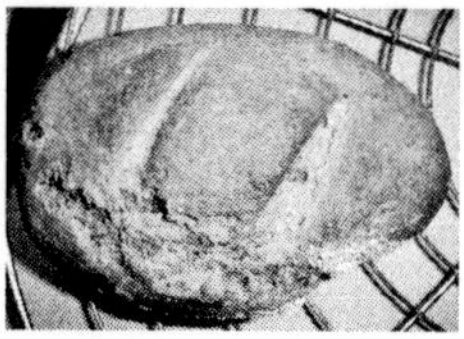

Getreide mahlen

Getreide mischen und in der Getreidemühle fein mahlen.

Zutaten maschinell kneten

Alle Zutaten in den Thermomix geben und 2 Minuten auf „Teigeinstellung" zu einem Teig verarbeiten lassen.

Brötchen zu 80 g formen

Teig in Portionen zu 80 g teilen, mit bemehlten Händen jede Portion zu einem länglichen Brötchen formen und nebeneinander auf ein Backblech (ausgelegt mit Backpapier) legen.

20-25 Min gehen lassen

Blech in eine große Plastiktüte geben und 20-25 Minuten an einem warmen Ort gehen lassen.

Vorheizen: 175 °C
Backen: 175 °C
Backzeit: 20 Min

Den Ofen auf 175 °C (Umluft) vorheizen, die Brötchen mit Wasser besprühen und 20 Minuten bei 175 °C backen. Klopfprobe machen und auf einem Kuchengitter auskühlen lassen.

Anmerkung:
Dies war mein erster Teig im Thermomix. Ich war restlos begeistert und dachte, ich würde nie wieder Hefeteige anders kneten. Mit der Zeit habe ich dann festgestellt, dass nicht alle Hefeteige gut werden. Und dass es bei etwas nasseren Teigen doch sehr schwierig ist, den Teig vom Messer zu lösen, ohne zu große Verluste zu haben.

Ergibt 10 Brötchen; Teigführung: 1 x; vegan: nein

Vegan: Honig weglassen

Dillbrötchen

- 1 Würfel Hefe (42 g)
- 300 g Wasser
- 250 g Dinkel
- 250 g Einkorn
- 1 gestr. Esslöffel Salz
- 2 Teelöffel getrockneter Dill

Hefe in 250 g Wasser auflösen.

Getreide mahlen

Getreide mischen und fein mahlen. Mit Salz und Dill vermischen.

Mit den anderen Zutaten verkneten

Hefewasser zum Mehl geben. Erst mit einer Teigkarte mischen, dann mit der Hand kneten (insgesamt 10-15 Minuten). Die restlichen 50 g Wasser nach und nach einarbeiten. Es wird ein weicher, leicht klebriger Teig.

Brötchen zu 70 g formen

Direkt zu Brötchen von je 70 g formen, nebeneinander auf zwei mit Dauerbackfolie ausgelegte Backbleche setzen und mit Wasser einsprühen.

45 Minuten gehen lassen

Auf 200 °C vorheizen

Backbleche in große Plastiktüten geben und 45 Minuten gehen lassen, dann den Backofen auf 200 °C (Umluft) vorheizen, auf den Boden des Ofens eine feuerfeste Schale mit heißem Wasser setzen.

Backzeit: 20 Minuten
Temperatur: 200 °C

Nochmals mit Wasser besprühen und 20 Minuten backen. Die Brötchen müssen hohl klingen, wenn man gegen den Boden klopft. Noch heiß einsprühen und auf einem Kuchengitter auskühlen lassen.

Anmerkung:
Ergibt 12 Brötchen; Teigführung: 1 x; vegan: ja

Fixe Brötchen

- 50 g Mandeln
- 200 ml warmes Wasser
- 125 ml Sahne
- 1 Würfel Hefe (42 g)
- 200 g Weizen
- 250 g Dinkel
- 1 Teelöffel Fenchel ungemahlen
- 50 g Roggen
- 100 g Butter
- 1 gehäufter Teelöffel Vollmeersalz

Mandeln mahlen

Mandeln z.B. im Zerkleinerer 1 Minute lang fein mahlen.

Hefe auflösen

Warmes Wasser und Sahne mischen, Hefe darin auflösen.

Getreide mahlen; Roggen schroten

Weizen, Dinkel und Fenchel mischen und in der Getreidemühle fein mahlen, den Roggen mittelgrob schroten.

Teig kneten

Teig in der Küchenmaschine mit dem Hackmesser zubereiten. Als erstes die Butter mit dem Salz kurz verschlagen. Dann die geriebenen Mandeln und die Hälfte der Mehlmischung dazugeben, darüber die Hefesahne gießen, den Rest des Mehls hinzufügen. Gründlich kneten lassen, bis sich der Teig vom Schüsselrand gelöst hat.

Mit einem Löffel Brötchen zu 80 g abstechen

Mit einem nassen Löffel Teigportionen zu 80 g abstechen und sofort auf das mit Dauerbackfolie ausgelegte Backblech legen. Einsprühen und evtl. mit ein bisschen Mehl bestäuben. Der Teig ist ziemlich weich.

25 Minuten gehen lassen, davon 5 Minuten vorheizen bei 190 °C

Ofen auf 50 °C stellen, Tür öffnen. Eine große Plastiktüte über das Backblech stülpen, das Backblech auf die Ofentür setzen und 20 Minuten gehen lassen. Zwischendurch das Blech drehen. Dann das Blech zur Seite stellen, die Ofentür schließen und den Ofen auf 190 °C (Umluft) stellen, 5 Minuten warten und das Blech auf der mittleren Schiene einschieben.

Backzeit: 25 Minuten Temperatur: 190 °C

25 Minuten backen, nochmals mit etwas Wasser einsprühen, Klopfprobe machen und auf einem Kuchengitter abkühlen lassen.

Anmerkung:
Ergibt 13 Brötchen; Teigführung: 1 x; vegan: nein

Kümmelküchlein

- 1 Würfel Hefe (= 42 g)
- 250 g Wasser
- 75 g Butter
- 100 g Weizen
- 300 g Dinkel
- 200 g Hirse
- 3 Teelöffel Kräutersalz

Füllung:

- etwa 50 g Butter
- 1-2 Esslöffel ganzer Kümmel

Hefe in das Wasser bröseln und auflösen.

Butter schmelzen

Butter schmelzen (z.B. im Thermomix 3 Minuten auf 60 °C; Stufe 1).

Getreide mahlen

Getreide fein mahlen, mit dem Salz mischen.

Zutaten verkneten (erst mit Maschine, dann mit der Hand)

Die Hälfte des Mehls in den Thermomix geben. Hefewasser darüber gießen und die zweite Hälfte Mehl hinzufügen. Bei Teigeinstellung 3 Minuten kneten lassen, dann noch 5-10 Minuten mit der Hand auf einer glatten Fläche nachkneten (zu einem Rechteck auseinanderdrücken; Außenseiten nach innen schlagen, festdrücken, um 90° drehen, auseinanderdrücken usw.)

45 Min gehen lassen und nochmals durchkneten

Teig zu einer Kugel formen, in eine Schüssel legen, diese in eine Plastiktüte stecken und an einem warmen Platz (z.B. Fensterbank über der Heizung) 45 Minuten gehen lassen. Der Teig hat sich dann im Volumen verdoppelt. Nochmals gut durchkneten (ca. 5 Minuten).

Teig ausrollen, Kreise ausstechen, auf Backbleche legen, Mitte eindrücken

Zwei Bleche mit Backpapier auslegen. Den Teig fingerdick (1 cm) ausrollen, mit einem Trinkglas Kreise ausstechen (ca. 6 cm im Durchmesser). Die Küchlein auf das Blech legen (9 pro Blech). Mit Wasser einsprühen. Mit dem Daumen die Mitte eindrücken.

Butter einlegen, mit Kümmel bestreuen

Butterstückchen in die Vertiefungen geben. Nochmals einsprühen und mit Kümmel bestreuen. Ein drittes Mal einsprühen.

Backzeit: 25 Minuten
Temperatur: 200 °C
Nachbacken: 5 Min

Eine feuerfeste Form mit kochendem Wasser in den kalten Ofen schieben, auf 200 °C (Umluft) stellen und die Bleche einschieben. 25 Minuten bei 200 °C backen (evtl. nach 20 Minuten die Bleche tauschen), dann den Ofen ausstellen und die goldgelben Küchlein noch 5 Minuten nachbacken. Klopfprobe machen.

Noch heiß mit Wasser einsprühen und auf einem Kuchengitter auskühlen lassen.

Anmerkung:
Ergibt 18 Brötchen; Teigführung: 1 x; vegan: nein.

- Für vegane Brötchen: Butter durch Olivenöl ersetzen.

Utes Dinkelbrötchen

- 1 Würfel Hefe (42 g)
- 470 ml warmes Wasser
- 565 g Dinkel
- 75 g Hartweizen
- 110 g Einkorn
- 2 Teelöffel Salz
- 75 g Leinsamen
- 50 ml Sahne

Hefe in 100 ml des Wassers auflösen.

Getreide mahlen	Getreide mischen und in der Getreidemühle fein mahlen.
Vorteig aus Hefe und etwas Mehl 15 Min gehen lassen	Eine Kuhle in das Mehl drücken, die aufgelöste Hefe hineingießen und zu einem Brei verrühren (= Vorteig). In eine Plastiktüte geben und z.B. vor dem offenen Ofen (50-75 °C) 15 Minuten gehen lassen.
Alle Zutaten verkneten	Mit den restlichen Zutaten in der Küchenmaschine (Hackmesser) mehrere Minuten kneten lassen.
Teigkugeln formen **Auf 200 °C vorheizen**	Mit einem nassen Esslöffel pfirsichgroße Stücke abnehmen, zwischen den nassen Händen gut durchkneten, zu Kugeln formen und auf ein Backblech legen (ausgelegt mit Dauerbackfolie). Dabei den Ofen auf 200 °C vorheizen.
Backzeit: 20 Min **Temperatur:** **10 Min: 200 °C** **10 Min: 175 °C** **Nachbacken: 5 Min**	Die Brötchen mit Wasser einsprühen (Blumenspritze) und 10 Minuten bei 200 °C (Umluft), dann 10 Minuten bei 175 °C backen und dann im abgeschalteten Ofen noch 5 Minuten nachbacken lassen. Klopfprobe machen.
	Nochmals besprühen und auf einem Kuchengitter auskühlen lassen.

Anmerkung:
Ergibt 15 Brötchen; Teigführung: 1 x; vegan: nein

- Für vegane Brötchen: 50 ml Sahne durch 25 ml Öl und 25 ml Wasser ersetzen

Zwiebelbrötchen in einem Schritt

- 1 Würfel Hefe (42 g)
- 125 g Sahne
- 200 g Wasser
- 40 g Mandeln
- 1 Zwiebel (50 g)
- 100 g Butter
- 450 g Dinkel
- 50 g Weizen
- 2 Teelöffel Salz
- 50 g Sahne

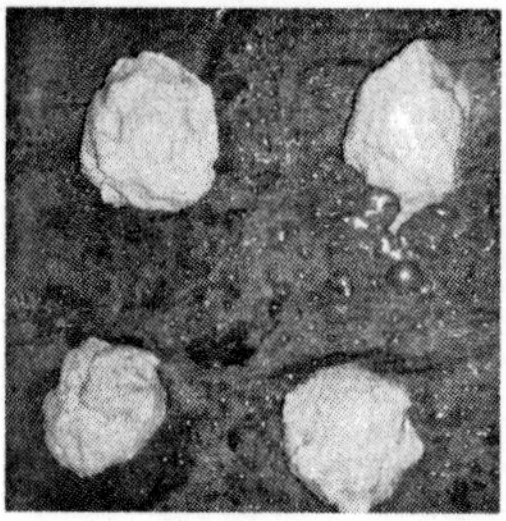

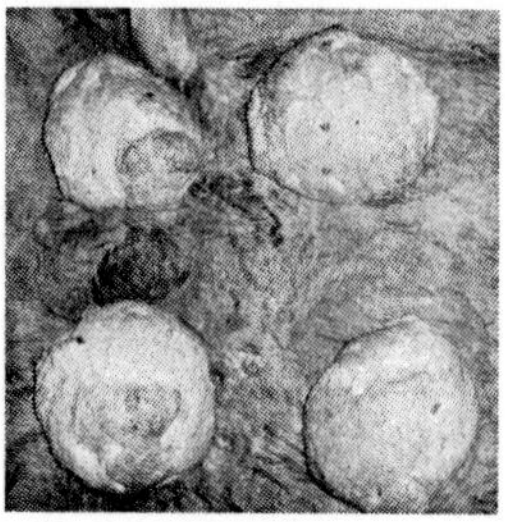

Hefe auflösen	125 g Sahne und Wasser mischen, zerbröckelte Hefe darin auflösen.
Mandeln mahlen	Thermomix: Mandeln mahlen (30 Sek./Stufe 10).
Zwiebeln dünsten	Zwiebel schälen und klein hacken und mit der Butter (aus dem Kühlschrank) zu den Mandeln geben. 5 Minuten bei 100 °C auf Stufe 1 erhitzen.
Dinkel mahlen, Weizen schroten	Dinkel fein mahlen, Weizen schroten, mit dem Salz mischen.
Alle Zutaten verkneten	Falls die Butterzwiebelmasse noch recht warm ist, darauf achten, dass die Hefe nicht mit der heißen Masse in Berührung kommt (Hefezellen sterben über 40 °C ab). 50 g Sahne hinzugießen. Bei Teigeinstellung 2,5 Minuten kneten lassen.
Ovale Brötchen formen, 35 Min gehen lassen **10 Min vorheizen auf 200 °C**	Mit einem Esslöffel Teigstücke abtrennen, in den feuchten Händen kurz zu einem Oval formen und nebeneinander auf ein mit Dauerbackfolie ausgelegtes Backblech legen. Mit Wasser besprühen und in einer großen Plastiktüte etwa 35 Minuten gehen lassen. In den letzten 10 Minuten den Ofen auf 200 °C (Umluft) vorheizen, dabei eine Schale mit Wasser auf den Boden stellen.
Backzeit: 20 Min **Temperatur: 200 °C**	Auf die mittlere Leiste einschieben: Etwa 20 Minuten backen, beim Klopfen gegen die Unterseite müssen die Brötchen hohl klingen. Noch heiß mit Wasser besprühen und auf einem Kuchengitter auskühlen lassen.

Anmerkung: Ergibt 15 Brötchen; Teigführung: 1 x; vegan: nein

Keime und Sprossen

- 3 Esslöffel Getreide
- Wasser

Zum Sprossen/Keimen eignen sich: Ölsaaten (z.B. Sonnenblumenkerne), Hülsenfrüchte (Linsen, Erbsen, Bohnen), Kräutersamen (Alfalfa, Radieschen) und Getreide. Es gibt noch mehr, aber dies sind die Dinge, mit denen ich persönlich Erfahrungen gesammelt habe. Hülsenfrüchte sind nicht alle gekeimt roh genießbar – aber eine Erbsensuppe aus Erbsensprossen ist in einer halbe Stunde fertig und schmeckt köstlich.

Sprossen geht auch ohne komplizierte Geräte. Die einfachste Methode ist (demonstriert an Dinkel):

1. In einer kleinen Schüssel drei Esslöffel Dinkel gut mit Wasser bedecken und über Nacht einweichen.
2. Morgens die Körner in einem Sieb abspülen und ohne Wasser in der Schüssel stehen lassen.
3. Abends noch einmal 1-2 Stunden einweichen, dann abspülen und wieder bis zum nächsten Tag stehen lassen.
4. Dann immer abends und morgens in einem Sieb gut durchspülen, bis die Keime lang genug sind (die Keime haben idealerweise eine Länge von 1-2 mm; eine andere Faustregel besagt: Keimlänge = Länge des Korns).

Brötchen mit zweifacher Teigführung

Allerweltsbrötchen: einfache Komposition, sicher auch lecker mit nur einer Getreidesorte

Schribben à la Remscheid: mit Grünkern

Bärlauchknusperlis: mit Bärlauchpesto

Cumin-Semmeln: Mineralwasser und Cumin

So ja, Semmel: Mit einem Teil Mehl aus Sojabohnen; gehen über Nacht

Mehrkornbrötli: u.a. mit Sechskornmischung

Anmerkung:
Diese Brötchen sind alle vegan, d.h. sie enthalten weder Honig noch andere Tierprodukte wie Sahne, Milch, Butter.

Allerweltsbrötchen

- 10 g Hefe
- 300 g Wasser
- 100 g Hartweizen
- 200 g Einkorn
- 200 g Dinkel
- 2 Teelöffel Salz
- 2 Esslöffel Haselnussöl (oder ein anderes Öl)

Hefe in Wasser auflösen

Getreide mahlen	Getreide fein mahlen und mit dem Salz mischen.
Zutaten erst mit der Maschine, dann mit der Hand kneten	Hefewasser, Mehl und Öl in der angegebenen Reihenfolge in den Thermomix geben. Kneten auf Einstellung „Teig“: 2,5 Minuten. In eine Schüssel geben, kurz mit der Hand durchkneten (eine Hand knetet, die andere dreht die Schüssel).
75 Min gehen lassen	Teig zu einer Kugel formen, die Schüssel mit der Teigkugel in eine Plastiktüte stecken und an einem warmen Platz (z.B. auf der Fensterbank über der Heizung) 75 Minuten gehen lassen. Der Teig hat sich dann deutlich vergrößert.
Kneten und Brötchen von 70 g formen	Nochmals gut durchkneten. Zwei Bleche mit Dauerbackfolie auslegen. Portionen von 70 g abwiegen, in der nassen Hand durchkneten und zu Kugeln formen. Nebeneinander mit einem Abstand von 5 cm auf die Backbleche setzen. Mit Wasser einsprühen.
45 Min gehen lassen **10 Min vorheizen auf 200 °C**	Die Bleche in große Plastiktüten stecken und nochmals 45 Min gehen lassen, dabei in den letzten 10 Min den Ofen auf 200 °C (Umluft) vorheizen.
Backzeit: 15 Minuten **Temperatur: 200 °C** **Nachbacken: 5 Min**	15 Minuten backen. Ofen ausstellen und 5 Minuten nachbacken. Klopfprobe machen. Noch heiß mit Wasser einsprühen und auf einem Kuchengitter auskühlen lassen.

Anmerkung:
Die Brötchen sind in der Herstellung nicht aufwändig und lassen sich gut so „nebenher“ backen. Weniger kompakt werden sie, wenn man den Teig häufiger führt, d.h. gehen – kneten – gehen usw. lässt

Ergibt 15 Brötchen; Teigführung: 2 x; vegan: ja

Bärlauchknusperlis

- 1 Würfel Hefe (42 g)
- 350 ml Wasser
- 50 g Nackthafer
- 50 g Grünkern
- 400 g Dinkel
- 2 Teelöffel Salz
- 45 g Bärlauch-Pesto (siehe S. 102)

Hefe in 250 ml warmem Wasser auflösen.

Getreide mahlen	Getreide und Gewürze mischen und in der Getreidemühle fein mahlen. Mit dem Salz mischen.
Zutaten mit der Maschine kneten	Hefewasser in die Küchenmaschine (Hackmesser) geben, die Mehlmischung darüber schütten, Bärlauch-Pesto und restliches Wasser hinzugeben. Sehr gründlich kneten lassen, bis sich der Teig gut vom Schüsselrand löst.
30 Min gehen lassen	In eine Schüssel geben, in eine Plastiktüte einwickeln und warm stellen (z.B. auf eine sonnenbeschienene Fensterbank). 30 Minuten gehen lassen.
Brötchen zu 70 g formen	70 g Portionen vom Teig abnehmen (wiegen) und mit den Händen zu Kugeln formen (Hände nass machen, wenn es klebt). Nebeneinander auf ein mit Dauerbackfolie ausgelegtes Backblech legen.
15 Min gehen lassen **Vorheizen auf 200 °C**	Mit einer großen Plastiktüte umwickeln und nochmals im Warmen 15 Minuten gehen lassen, derweil den Ofen auf 200 °C (Umluft) vorheizen.
Brötchen einschneiden	Brötchen mit einer Schere oben kreuzweise einschneiden, gut einsprühen und auf die mittlere Schiene im Ofen schieben.
Backzeit: 25 Minuten **Temperatur:** **10 Min: 200 °C,** **15 Min: 175 °C** **Nachbacken: 5 Min**	Nach 10 Minuten die Temperatur auf 175 °C herabstellen, dann 15 Minuten backen. Ofen abstellen und 5 Min die Resthitze nutzen. Klopfprobe machen. Sofort auf ein Kuchengitter legen und noch heiß mit Wasser besprühen.

Anmerkung:
Ergibt 12-13 Knusperlis; Teigführung: 2 x; vegan: ja

Cumin-Semmeln

- 1 Würfel Hefe (42 g)
- 100 g kaltes Wasser
- 150 g Kamut (oder Weizen)
- 300 g Dinkel
- 50 g Hafer
- 1 Teelöffel Cumin ganz
- 1 Teelöffel Salz
- 225 g Mineralwasser (zimmerwarm)
- Zum Bestreuen: etwa 2 Esslöffel Haferflocken

Hefe in 100 ml warmem Wasser auflösen.
Kamut und Dinkel zusammen fein mahlen, Hafer flocken.

Zutaten gemeinsam verkneten	Gemeinsam mit den übrigen Zutaten (vom Wasser etwas zurückbehalten) kneten (siehe Seite 13). Restliches Wasser einarbeiten, bis der Teig geschmeidig ist. Insgesamt 10 Minuten kneten.
30 Min gehen lassen	Kugel formen, mit Wasser bestreichen und in einer Plastiktüte, bedeckt mit einem Küchenhandtuch, an einen warmen Ort stellen. 30 Minuten gehen lassen. Der Teig hat sich nun etwa verdoppelt.
Brötchen zu 60 g formen	Nochmals mit der Faust in der Schüssel gut durchkneten. Portionen von 60 g abwiegen. Jede Portion in der ab und zu befeuchteten Hand gut durchkneten und formen. Nebeneinander auf ein mit Dauerbackfolie ausgelegtes Backblech legen.
20 Min gehen lassen Ofen auf 200 °C vorheizen	Einsprühen, in eine große Plastiktüte stecken und 20 Minuten gehen lassen. Dann den Ofen auf 200 °C (Umluft) vorheizen, dabei eine feuerfeste Form auf den Ofenboden setzen, mit kochendem Wasser füllen.
Brötchen einschneiden, mit Haferflocken bestreuen	Die Brötchen mit der Schere längs einschneiden und mit den Haferflocken bestreuen. Nochmals besprühen und das Blech einschieben.
Backzeit: 35 Min Temperatur: 10 Min bei 200 °C 25 Min bei 175 °C	10 Minuten bei 200 °C backen. Dann auf 175 °C stellen und nochmals 25 Minuten backen. Die Brötchen sind beige und klingen hohl, wenn man gegen die Unterseite klopft. Nach dem Backen die Brötchen noch heiß mit Wasser einsprühen und auf einem Kuchengitter abkühlen lassen.

Anmerkung: Ergibt 14 Semmeln; Teigführung: 2 x; vegan: ja

Mehrkornbrötli

- 1 Würfel frische Hefe (42 g)
- 250 ml Wasser
- 50 g Hartweizen
- 300 g Dinkel
- 240 g Sechskornmischung
- 2 Teelöffel Salz
- 2 Esslöffel Rapskeimöl
- 100 ml Mineralwasser

Hefe in 250 ml warmem Wasser auflösen.

Getreide mischen und fein mahlen.

Vorteig 10 Min gehen lassen	Salz und Öl in den Thermomix geben. Mehl darüber schütten, darauf die Hefeflüssigkeit (= Vorteig). 10 Minuten gehen lassen
Mit der Maschine kneten	Auf der Einstellung „Teig“ 4 Minuten rühren lassen. Nach 2 Minuten das Mineralwasser in Portionen hinzugeben (der Teig darf nicht zu fest werden). Je nach Mehlfeinheitsgrad kann weniger erforderlich sein.
Brötchen zu 70 g formen	Teig auf den Tisch kippen und eine Rolle formen. Stücke von 70 g abschneiden und Kugeln daraus formen (wenn Messer oder Hände kleben, mit ein bisschen kaltem Wasser benetzen).
Einschneiden, mit Mehl besieben	Nebeneinander auf ein mit Dauerbackfolie ausgelegtes Backblech setzen, mit der Schere die Brötchen oben kreuzweise einschneiden. Gut mit Wasser einsprühen und dann mit einem Kaffeesieb Mehl darauf sieben.
15 Min gehen lassen **Vorheizen auf 225 °C**	Das Backblech mit einer großen Plastiktüte umwickeln und 15 Minuten gehen lassen, derweil den Ofen auf 225 °C (Umluft) vorheizen.
Backzeit: 20 Minuten **Temperatur:** **10 Min: 200 °C** **10 Min: 175 °C**	Brötchen auf die mittlere Schiene im Ofen schieben. Nach 10 Minuten die Temperatur auf 175 °C herabstellen, dann nochmals 10 Minuten backen. Klopfprobe machen. Brötchen sofort noch einmal leicht mit Wasser einsprühen und auf ein Kuchengitter legen.

Anmerkung: Ergibt 14 Brötli; Teigführung: 2 x; vegan: ja

Schribben à la Remscheid

- 100 ml warmes Wasser
- 1/2 Würfel frische Hefe (21 g)
- 50 g Grünkern
- 50 g Kamut
- 400 g Dinkel
- 2 gestrichene Teelöffel Salz
- 250 ml Mineralwasser (Raumtemperatur)
- 1 Esslöffel Apfelessig

Hefe in 100 ml Wasser auflösen.
Getreide mischen, fein mahlen und mit dem Salz mischen.

Mit der Maschine kneten	Mehl in den Thermomix (oder eine Küchenmaschine usw.) füllen, die anderen Zutaten hinzugeben und auf der Teigstufe 3 Minuten kneten lassen.
40 Min gehen lassen	In eine Schüssel umfüllen, in eine Plastiktüte einpacken und 40 Minuten gehen lassen.
Brötchen zu 70 g formen, einschneiden	Mit nassen Händen 70 g schwere Ovale formen (abwiegen), auf ein mit Backpapier ausgelegtes Backblech legen und längs mit der Schere einschneiden.
10 Min gehen lassen Vorheizen auf 225 °C	Mit Wasser einsprühen und nochmals 10 Minuten gehen lassen. In dieser Zeit den Ofen auf 225 °C (Umluft) vorheizen.
Backzeit: 18 Minuten Temperatur: 225 °C	18 Minuten backen bei 225 °C. Klopfprobe machen. Nach dem Backen die Brötchen noch heiß mit Wasser einsprühen und auf einem Kuchengitter abkühlen lassen

Anmerkung:
Die Brötchen machen nicht viel Arbeit, sieht man einmal von der Gehzeit ab. Nimmt man nur eine Sorte Getreide, geht's noch schneller.

Ergibt 12 Schribben; Teigführung: 2 x; vegan: ja

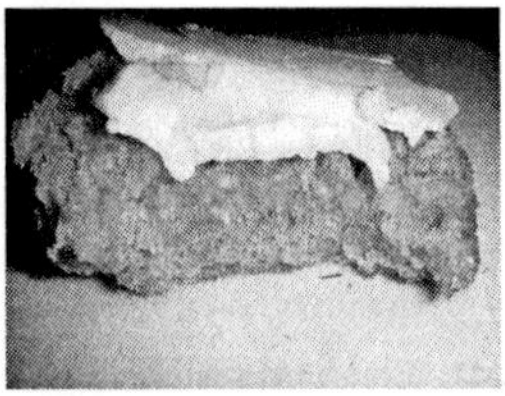
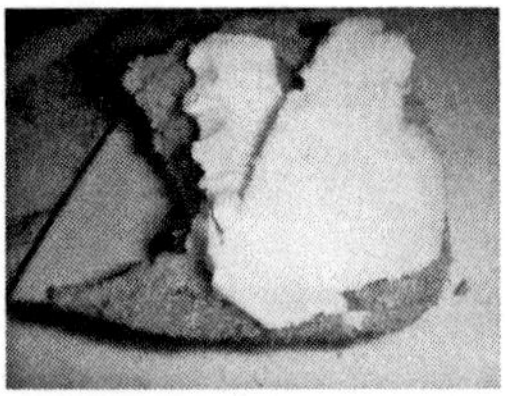

So ja, Semmel

- 1 Würfel Hefe (42 g)
- 100 g Wasser
- 100 g Sojabohnen
- 100 g Einkorn
- 300 g Dinkel
- 2 Teelöffel Salz
- 2 Esslöffel Rapskernöl
- 220-230 g Wasser

Hefe in 100 g Wasser auflösen.

Sojabohnen mahlen (z.B. im Thermomix 1 Minute auf Stufe 10)

Einkorn und Dinkel fein mahlen und mit dem Salz mischen.

Zutaten mit der Hand verkneten	Alle Zutaten in eine Schüssel geben, nur von dem Wasser etwa 20-30 g zurückhalten. Erst mit einem Löffel mit Loch, dann mit den Händen 10 Minuten gut durchkneten. Dabei das restliche Wasser allmählich einarbeiten.
Über Nacht kalt gehen lassen	Eine Teigkugel formen, mit Wasser besprühen und die Schüssel mit dem Teig in eine Plastiktüte stecken. Über Nacht (14 Stunden) in den Kühlschrank stellen.
Durchkneten, Brötchen von 70 g formen	Den Teig kräftig durchkneten und Stücke von 70 g abwiegen. Mit den Händen zu länglichen Brötchen formen.
75 Min gehen lassen In den letzten 10 Min Ofen auf 225 °C vorheizen	Nebeneinander auf ein mit Dauerbackfolie ausgelegtes Backblech setzen und die Oberfläche längs einschneiden. Gut mit Wasser besprühen und in einer Plastiktüte etwa 75 Min gehen lassen. In den letzten 10 Minuten den Ofen auf 220 °C (Umluft) vorheizen und eine Schale mit kochendem Wasser auf den Boden stellen.
Backzeit: 15 Minuten Temperatur: 220 °C	Auf die mittlere Leiste einschieben: Etwa 15 Minuten backen, die braunen Brötchen müssen beim Klopfen gegen die Unterseite hohl klingen. Noch heiß mit Wasser besprühen und auf einem Kuchengitter auskühlen lassen.

Anmerkung:

Ergibt 12 Stück; Teigführung: 2 x; vegan: ja

Einkorn-Minis: gewürzt mit Bockshornkleesaat

Frühstücksbrötchen: sahnig-sämig

Gemüsebrötchen Italia: mit Thymian

Mohnbrötchen: mürbe durch Butter

Sauerrahmwecken: mit Mandelmus

Schrotbrötchen von Bingen: mit Muskatnuss

Thymian-Sahne-Semmelchen

Anmerkung:
Diese Brötchen enthalten Butter, süße Sahne, saure Sahne oder Honig und sind somit zwar tiereiweißfrei, jedoch nicht vegan. Meist sind Alternativen für die vegane Variante angegeben.

Einkorn-Minis

- 300 g Einkorn
- 100 g Dinkel
- 1 Teelöffel Salz
- 1 Teelöffel Bockshornkleesaat, gemahlen
- 200 ml warmes Wasser
- 1/2 Würfel Hefe (21 g)
- 30 g Apfelessig
- 50 g Creme fraiche

Zum Bestreuen:
- 2 Teelöffel Mohn

Getreide fein mahlen und mit Salz und Bockshornkleesaat mischen.

Zutaten verkneten	Alle Zutaten in den Thermomix geben (Flüssigkeiten zuerst) und auf der Teigstufe 4 Minuten verkneten lassen (alternativ: Küchenmaschine).
35-40 Min gehen lassen	In eine Schüssel umfüllen, in eine Plastiktüte einpacken und 35-40 Minuten ruhen lassen.
50 g Brötchen formen, mit Mohn bestreuen	Mit nassen Händen 50 g schwere Bällchen formen (abwiegen) und in Silikon-Muffinförmchen setzen, die Förmchen nebeneinander auf ein Backblech stellen, mit Wasser einsprühen und mit Mohn bestreuen.
10 Min gehen lassen, Vorheizen auf 200 °C	Ofen auf 200 °C (Umluft) stellen, Blech in eine Plastiktüte packen und an einem warmen Ort (z.B. auf dem Ofen) 10 Minuten stehen lassen.
Backzeit: 18 Minuten Temperatur: 200 °C	18 Minuten backen bei 200 °C. Klopfprobe machen. Auf einem Kuchengitter auskühlen lassen und aus den Förmchen stürzen.

Anmerkung:

Ergibt 14 Minis;
Teigführung: 2 x;
vegan: nein

Vegan: Creme fraiche ersetzen durch 50 g feines Mandelmus (siehe S. 122).

Frühstücksbrötchen für Frühaufsteher

- 50 g Grünkern
- 200 g Dinkel
- 300 g Weizen
- 1/2 Teelöffel Koriander gemahlen
- 12 g Vollmeersalz
- 175 ml warmes Wasser
- 150 ml Sahne
- 1 Würfel Hefe (42 g)

Getreide und Koriander mischen und in der Getreidemühle fein mahlen.

Zutaten maschinell verkneten	Alle Zutaten in den Thermomix geben und 5 Minuten auf „Teigeinstellung" zu einem Teig verarbeiten lassen. Eventuell noch etwas Wasser zugeben (alternativ: mit einer Küchenmaschine arbeiten).
30 Min gehen lassen	Teig in einer Schüssel mit Folie abgedeckt an einem warmen Ort 30 Minuten gehen lassen.
Brötchen von 70 g formen	In Portionen zu etwa 70 g teilen (wiegen) und diese in der Hand zu Teigkugeln formen.
45 Min gehen lassen, oben kreuzweise einschneiden	Die Teigkugeln mit dem Teigschluss nach unten auf ein Backblech mit Dauerbackfolie setzen, in einen großen Plastiksack geben und nochmals ca. 45 Minuten an einem warmen Ort (vor der Heizung) aufgehen lassen.
Backzeit: 25 Minuten **Temperatur: 180 °C**	Den Ofen auf 180 °C (Umluft) vorheizen, die Brötchen oben kreuzweise einschneiden, mit Wasser besprühen und 25 Minuten bei 180 °C backen. Klopfprobe machen und auf einem Kuchengitter auskühlen lassen.

Anmerkung:
Inspiriert von einem Rezept aus dem Backbuch von Manz. Da das ganze alleine über eine Stunde gehen und 25 Minuten backen muss, ist halt frühes Aufstehen angesagt... man darf die leckeren Brötchen natürlich auch etwas später anbieten – oder aufbacken :-)

Ergibt 12 Brötchen; Teigführung: 2 x; vegan: nein

Vegan: 150 ml Sahne ersetzen durch 75 ml Öl und 75 ml Wasser.

Gemüsebrötchen Italia

- 100 g Hartweizen
- 400 g Emmer
- 1 gestr. Teelöffel Kümmel ganz
- 12 g Salz (2 Teelöffel)
- 1 Teelöffel gem. Paprika edelsüß
- 2 gehäufte Teelöffel Pizzakräuter
- 1 Prise getrockneter Salbei
- 1 Prise getrockneter Thymian
- 1 kleine gelbe Paprikaschote (100 g)
- 1 Stück Zucchini (100 g)
- 50 g Butter
- 330 ml Wasser
- 1 Würfel Hefe (42 g)

Getreide mit dem Kümmel mischen und fein mahlen. Salz und andere Gewürze mischen und unter das Getreide rühren.

Gemüse würfeln	Gemüse putzen und in kleine Würfel (3-4 mm Kantenlänge) schneiden.
Zutaten maschinell verkneten, Gemüse nach halber Knetzeit hinzufügen	Butter und Wasser in den Thermomix geben. Die Mehlmischung darüber schütten und oben drauf die Hefe zerkrümeln. Thermomix mit Teigeinstellung auf 3 Min stellen. Nach etwa der Hälfte der Zeit das Gemüse hinzugeben.
20-30 Min gehen lassen	In eine Schüssel umfüllen, mit einer Plastiktüte einwickeln. 20-30 Min gehen lassen, der Teig ist dann deutlich größer und locker.
Erneut kneten	Nochmals mit der Hand gut durchkneten.
20 Min gehen lassen	Wieder in die Plastiktüte packen und nochmals 20 Minuten gehen lassen. Ofen auf 225 °C stellen.
Mit nassem Löffel Stücke abgreifen	Mit einem nassen Esslöffel Portionen abgreifen, mit nassen Händen nachformen. Je 6 Stück auf ein mit Dauerbackfolie ausgelegtes Backblech legen, mit Wasser einsprühen. Im Umluftofen können beide Bleche gleichzeitig backen.
Backzeit: 25 Minuten Temperatur: 225 °C	20 Minuten bei 225 °C Umluft) backen, Bleche tauschen und nochmals 5 Minuten backen. Klopf probe machen.
	Noch heiß mit Wasser besprühen und dann auf einem Kuchengitter abkühlen lassen.

Anmerkung:
Ergibt 11-12 Stück; Teigführung: 2 x; vegan: nein

- Vegan: Butter ersetzen durch gleiche Menge Mandelmus (siehe Seite 122).

Mohnbrötchen

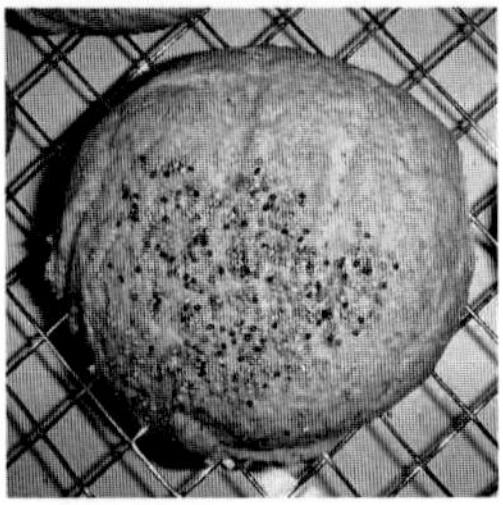

- 200 g Hartweizen
- 200 g Dinkel
- 100 g Weizen
- 1 Teelöffel Vollmeersalz (ca. 6 g)
- 100 ml Sahne
- 150 ml Wasser
- 100 g weiche Butter
- 1 Würfel Hefe (42 g)

Getreide mischen und in der Getreidemühle fein mahlen.

Zutaten maschinell verkneten	Alle Zutaten in den Thermomix geben und 3 Minuten auf „Teigeinstellung" zu einem Teig verarbeiten lassen (alternativ: mit Küchenmaschine).
30 Min gehen lassen	Teig in einer Schüssel mit Folie abgedeckt an einem warmen Ort 30 Minuten gehen lassen.
Brötchen von 60 g formen, in Mohn tauchen	In Portionen zu etwa 60 g teilen (abwiegen) und diese in der Hand zu Teigkugeln formen. Die Kugeln kurz in Wasser und dann in Mohn tauchen.
20 Min gehen lassen, 5 Min vorheizen auf 200 °C	Mit der Mohnseite nach oben auf ein Backblech mit Dauerbackfolie setzen, in einen großen Plastiksack geben und nochmals ca. 20 Minuten an einem warmen Ort gehen lassen. In den letzten 5 Minuten den Ofen auf 200 °C (Umluft) vorheizen.
Backzeit: 25 Minuten Temperatur: 180 °C	Die Brötchen mit Wasser besprühen und 25 Minuten bei 180 °C backen. Klopfprobe machen. Auf einem Kuchengitter auskühlen lassen.

Anmerkung:
Ergibt 15 Brötchen; Teigführung: 2 x; vegan: nein

Vegan: 100 ml Sahne und 100 g Butter ersetzen durch 50 g Mandelmus (s. Seite 122) + 50 g Wasser + 100 g Sonnenblumenkernöl

Sauerrahmwecken

- 1 Würfel Hefe (42 g)
- 100 g Wasser
- 250 g Weizen
- 250 g Dinkel
- 1,5 Teelöffel Salz
- 100 g saure Sahne
- 50 g Mandelmus (oder fein gemahlene Mandeln)
- 100 g Wasser
- 1 gehäufter Teelöffel Honig
- Zum Bestreuen: 30-50 g Sonnenblumenkerne

Hefe in 100 g Wasser auflösen.

Dinkel und Weizen fein mahlen und mit dem Salz mischen.

Zutaten mit der Hand verkneten (außer den Sonnenblumenkernen)

Hefewasser und Sahne in die Mitte des Mehls geben, restliche Zutaten (außer den Kernen) und 50 g von den 100 g Wasser ebenfalls hinzufügen. Erst mit einem Löffel mit Loch, dann mit den Händen 10 Minuten gut durchkneten. Dabei die restlichen 50 g Wasser allmählich einarbeiten.

45 Min gehen lassen

Teigkugel formen, mit Wasser besprühen und die Teigschüssel in einer Plastiktüte an einem warmen Ort 45 Min gehen lassen. Der Teig hat sich dann etwa verdoppelt.

Kneten, Brötchen von 70 g formen, in Sonnenblumenkerne tauchen

Den Teig nochmals durchkneten und Stücke von 70 g abwiegen. Mit den Händen zu Kugeln formen, kreuzweise einschneiden. Mit der Oberseite erst in Wasser, dann in Sonnenblumenkerne tauchen. Nebeneinander auf ein mit Backpapier ausgelegtes Backblech setzen.

30 Minuten gehen lassen, letzte 10 Min Ofen auf 200 °C vorheizen

Gut mit Wasser besprühen und in einer Plastiktüte etwa 30 Minuten gehen lassen. In den letzten 10 Minuten den Ofen auf 200 °C (Umluft) (angestrebt ist 180 °C) vorheizen und eine Schale mit kochendem Wasser auf den Boden stellen.

Backzeit: 20 Minuten
Temperatur: 180 °C

Auf die mittlere Leiste einschieben: Etwa 20 Minuten bei 180 °C backen, beim Klopfen gegen die Unterseite müssen die Brötchen hohl klingen. Noch heiß mit Wasser besprühen und auf einem Kuchengitter auskühlen lassen.

Anmerkung: Ergibt 13 Wecken; Teigführung: 2 x; vegan: nein

Schrotbrötchen mit von-Bingen-Touch

- 200 g Weizen
- 200 g Dinkel
- 1/2 Würfel Hefe (21 g)
- 1 geh. Teelöffel Salz
- 30 g Honig
- 1 TL gem. Muskatnuss
- 110 g Mineralwasser
- 60 ml Rapskernöl
- 50 g Sahne
- 50 g Wasser

Getreide mischen. Eine Hälfte schroten, die andere Hälfte fein mahlen.

Zutaten verkneten	In eine Schüssel geben. Die zerbröckelte Hefe, Salz, Honig, Muskatnuss, Mineralwasser, Öl und Sahne hinzugeben. Erst mit einem Löffel mit Loch, dann mit den Händen 20 Minuten gut durchkneten: 10 Minuten in der Schüssel, 10 Minuten auf einer glatten Fläche. Dabei die restlichen 50 g Wasser allmählich einarbeiten.
45 Min gehen lassen	Eine Teigkugel formen, mit Wasser besprühen und die Schüssel mit dem Teig in eine Plastiktüte stecken und 45 Minuten warm stehen lassen. Der Teig hat sich dann etwa verdoppelt.
Brötchen von 50 g formen, Zipfel ziehen	Den Teig nochmals durchkneten und Stücke von 50 g abwiegen. Mit den Händen zu Kugeln formen, zweimal mit der Schere quer einschneiden, die Zipfel zu der jeweils anderen Seite ziehen.
45 Minuten gehen lassen, 15 Min auf 200 °C vorheizen	Mit Wasser besprühen und in einer Plastiktüte ca. 45 Minuten gehen lassen. In den letzten 15 Minuten den Ofen auf 200 °C (Umluft) vorheizen, dabei eine Schale mit Wasser auf den Boden stellen.
Backzeit: 20 Minuten Temperatur: 200 °C	Auf die mittlere Leiste einschieben: etwa 20 Minuten backen, beim Klopfen gegen die Unterseite müssen die Brötchen hohl klingen. Noch heiß mit Wasser besprühen und auf einem Kuchengitter auskühlen lassen.

Anmerkung: Ergibt 14 Brötchen; Teigführung: 2 x; vegan: nein
Hildegard von Bingen hielt viel von Muskatnuss als Nervenmittel. Darauf ist die Namensgebung zurückzuführen.

Thymian-Sahne-Semmelchen

- 150 g Wasser
- 1/2 Würfel Hefe (21 g)
- 300 g Sechskorngetreide
- 1/2 Teelöffel Salz
- 50 ml Sahne
- 1 Teelöffel Honig
- 2 Teelöffel Thymian-Pesto
  (oder 2 Teelöffel getrockneter Thymian,
  in 2 Teelöffel Öl eingeweicht)

Hefe in etwa 100 ml Wasser auflösen. Getreide fein mahlen.

Zutaten verkneten (maschinell)	Alle Zutaten, einschließlich des Hefewassers, in eine Schüssel geben und mit dem Handrührgerät (Knethaken) kneten, bis der Teig sich von der Schüssel löst, d.h. der Schüsselrand sauber ist (mindestens 5 Minuten).
30 Min gehen lassen	Schüssel in eine Plastiktüte stecken, mit einem Geschirrtuch abdecken und 30 Minuten ruhen lassen. Der Teig geht nicht viel!
Kneten; **Brötchen von 60 g formen;** **in Förmchen setzen**	Nochmals mit der Hand durchkneten (in der Schüssel). Jeweils Portionen von 60 g abwiegen und zwischen den ganz leicht angefeuchteten Händen zu runden Brötchen formen und in Silicon-Muffinförmchen setzen.
Einschneiden; **25 Min gehen lassen** **10 Min vorheizen auf 225 °C**	Oben einmal längs einschneiden, gut mit Wasser einsprühen, auf ein mit Backpapier ausgelegtes Backblech setzen (für den Fall, dass der Teig überläuft). Das Backblech in eine Plastiktüte geben und 25 Minuten gehen lassen. In den letzten 10 Minuten den Ofen auf 225 °C (Umluft) vorheizen, auf den Boden eine Schüssel mit heißem Wasser stellen. Nach weiteren 10 Minuten die Brötchen auf die mittlere Schiene einschieben.
Backzeit: 15 Min **Temperatur:** **10 Min: 225 °C** **5 Min: 220 °C** **5 Min nachbacken**	10 Minuten bei 225 °C backen, dann 5 Minuten bei 220 °C. Im ausgestellten Ofen 5 Minuten nachbacken lassen. Klopfprobe machen. Nochmals einsprühen und auf einem Kuchengitter auskühlen lassen.

Anmerkung: Ergibt 9 Semmelchen; Teigführung: 2 x; vegan: nein

Zitronenschale, gemahlen

Genauso lassen sich herstellen:

Orangenschale, gemahlen

Grapefruitschale, gemahlen

Mandarinenschale, gemahlen

Herstellung mit dem Thermomix. Könnte eventuell auch in Mixer oder Zerkleinerer funktionieren, dauert vermutlich etwas länger.

Unbehandelte Bio-Orangen mit einem Spargel- oder Kartoffelschäler schälen. (Bei Mandarinen die ganze Schale nehmen.) Die Schale auf einem Teller oder Brettchen ausbreiten und auf der Heizung trocknen (dauert ca. 12 Stunden). Wahlweise auch in einem Dörrautomaten.

Wenn die Schalen trocken und hart sind, in ein Schraubglas geben. Über einige Tage / Wochen genug Schalen sammeln, bis zwei Honig-/Marmeladengläser voll sind. In den Thermomix geben und zweimal 10 Sekunden auf Stufe 10 laufen lassen. In ein Schraubglas umfüllen.

Die Menge entspricht etwa einem Viertel der Schalenmenge.

Orangeat

Genauso lassen sich herstellen:

Zitronat

Pampelmusat

Unbehandelte Zitrusfrüchte waschen und schälen. Mit dem Messer in grobe Stücke schneiden, dann im Zerkleinerer (Mixer, Thermomix) klein schlagen lassen und mit so viel Honig verrühren (Verhältnis etwa 1 Teil Frucht zu 1,2 Teile Honig), dass alles damit gut benetzt ist. Ein Honig- oder Marmeladenglas mit kochendem Wasser ausspülen, Masse hineinfüllen. Hält sich im Kühlschrank nach meiner Erfahrung mindestens ein halbes Jahr.

Interessante Varianten lassen sich herstellen durch Zugabe von Ingwer, Pfefferminz, Anis u.ä.

Brötchen mit dreifacher Teigführung

Haferbrötchen deluxe: mit Kamut und Einkorn

Roggenplättchen minus S; Roggenbrötchen nur mit Hefe, ohne Sauerteig

Leinsamenbrötchen: Ölsaat im Teig

Schwedische Buchweizenklopse: mit eingeweichtem Leinsamen; sehr saftig

Leinsamenwecken: mit Sauerteig

Quinoabrötchen: mit Brühstück

Anmerkung:
Auch dieses Kapitel ist in „vegan“ und „nicht vegan“ eingeteilt. Diese ersten 6 Brötchen sind vegan.

Haferbrötchen deluxe

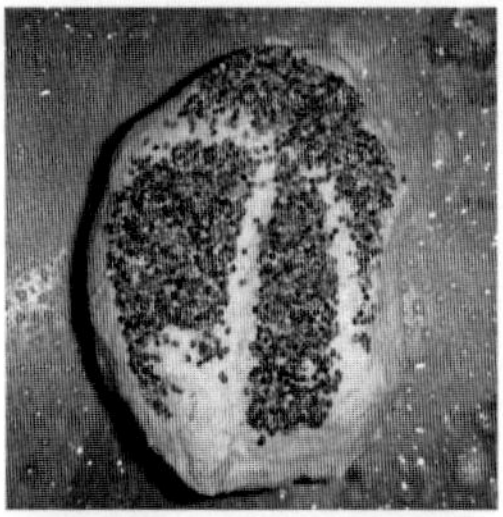

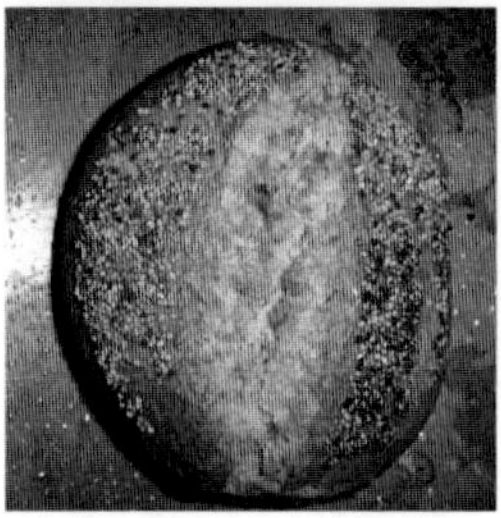

- 325 ml warmes Wasser
- 1/2 Würfel Hefe (21 g)
- 150 g Hafer
- 100 g Kamut
- 100 g Einkorn
- 150 g Dinkel
- 1 Teelöffel Salz
- 3 Esslöffel kaltgepresstes Öl
- 2 Esslöffel Mandelmus
  (s. Seite 122 oder fertig gekauft)
- Zum Bestreuen: 1-2 Esslöffel Mohnsamen

Hefe in 150 ml Wasser verrühren und auflösen.
Getreide mischen und fein mahlen.

Vorteig 15 Min gehen lassen	Hefe mit einem Teil des Mehls verrühren und 15 Min stehen lassen.
Zutaten maschinell kneten	Restliches Mehl in den Thermomix (Knetmaschine o.ä.) geben, das restliche Wasser und die anderen Zutaten (außer dem Mohn) hinzugeben. Auf der Teigstufe 3 Minuten kneten lassen.
40 Min gehen lassen	In eine Schüssel umfüllen, in eine Plastiktüte einpacken und 40 Minuten gehen lassen.
72 g Brötchen formen, in Mohn tauchen	Mohn auf einen flachen Teller schütten. Mit nassen Händen 72 g schwere Kugeln formen (abwiegen). Mit einem Messer längs 1 cm tief einschneiden, mit der eingeschnittenen Seite in den Mohn drücken und auf ein mit Backpapier ausgelegtes Backblech legen.
10 Min gehen lassen Vorheizen auf 225 °C	Mit Wasser einsprühen und nochmals 10 Minuten gehen lassen. In dieser Zeit den Ofen auf 225 °C (Umluft) vorheizen.
Backzeit: 20 Minuten Temperatur: 225 °C	Das Backblech auf der mittleren Schiene einschieben und eine Tasse heißes Wasser auf den Boden des Ofens gießen. 20 Minuten backen bei 225 °C. Klopfprobe machen. Die heißen Brötchen nochmals mit Wasser einsprühen und auf einem Kuchengitter auskühlen lassen.

Anmerkung:
Ergibt 13 Brötchen; Teigführung: 3 x; vegan: ja

Leinsamenbrötchen

- 3/4 Würfel Hefe (30 g)
- 330-380 g Wasser
- 300 g Dinkel
- 150 g Weizen
- 130 g Leinsamen
- 2 gestr. Teelöffel Salz
- 1 Esslöffel Macadamia-Nussöl (oder Sonnenblumenöl)

Hefe in etwa 100 ml Wasser auflösen.

Getreide und Leinsamen mahlen	Getreide mit Leinsamen mischen und in einer Stahlmühle fein mahlen (Achtung: Steinmühlen können mit Leinsamen verkleben!)
Vorteig 15 Min gehen lassen	In das Mehl eine Mulde drücken, Hefewasser hineingießen und mit soviel Mehl verrühren, dass sich ein dicklicher Brei ergibt (= Vorteig). In eine Plastiktüte stecken, mit einem Geschirrtuch abdecken und 15 Minuten gehen lassen.
Alles verkneten	Salz auf den Mehlrand streuen. Wasser portionsweise hinzugeben, immer mit der Teigkarte unterrühren. Auch das Öl unterarbeiten. Dann 15-20 Minuten gründlich verkneten. Oberfläche mit wassernasser Hand glatt streichen
40 Min gehen lassen	In einer Plastiktüte mit Geschirrtuch überdeckt 40 Minuten an einem warmen Platz gehen lassen.
Kneten **80 g Brötchen formen**	Nochmals 5-10 Minuten auf einer glatten Fläche gut durchkneten. Teile von 80 g abwiegen, in der Hand zu leicht ovalen Brötchen formen. Nebeneinander auf ein mit Dauerbackfolie ausgelegtes Backblech legen. Oben längs mit einem scharfen Messer einschneiden, mit Wasser besprühen
10 Min gehen lassen, dabei vorheizen auf 225 °C	Eine feuerfeste Form auf den Ofenboden setzen, mit kochendem Wasser füllen. Ofen 10 Minuten auf 225 °C (Umluft) vorheizen.
Backzeit: 20 Min **Temperatur: 225 °C**	Brötchen auf die mittlere Schiene einschieben und 20 Min bei 225 °C backen. Klopfprobe machen. Nach dem Backen Brötchen mit Wasser einsprühen und auf einem Kuchengitter abkühlen lassen.

Anmerkung:
Ergibt 12 Brötchen; Teigführung: 3 x; vegan: ja

Leinsamenwecken

- 100 g Sauerteig (siehe Seite 38)
- 100 g Leinsamen
- 250 ml Wasser
- 1/2 Würfel Hefe (21 g)
- 50 g Wasser
- 250 g Dinkel
- 250 g Kamut
- 200 g Roggen
- 3 Teelöffel Salz
- 1 Teelöffel gemahlener Koriander
- 280 g Wasser

Den Sauerteig am Vorabend so auffüttern, dass am nächsten Morgen 100 g bereitstehen.

Leinsamen mit 250 ml kochendem Wasser überbrühen und quellen lassen (30-45 Minuten).

Hefe in 50 g Wasser auflösen.

Dinkel mittelfein schroten, Kamut und Roggen zusammen fein mahlen.

Vorteig (Mehl, Sauerteig, Hefewasser) herstellen	Salz und Koriander zum Mehl geben. In die Mitte eine Mulde drücken, Sauerteig und Hefewasser hineingeben, mit etwas Mehl verrühren (Vorteig).
15 Min gehen lassen	In einer Plastiktüte an einem warmen Ort 15 Minuten gehen lassen.
Mit restlichen Zutaten verkneten	Leinsamen mit dem Einweichwasser zu dem Mehl geben und unterkneten. Das Wasser (280 g) portionsweise unterkneten. Der geschmeidige weiche Teig sollte noch ein wenig an der Hand kleben.
2 Stunden gehen lassen	Die Schüssel mit dem Teig wieder in eine Plastiktüte stecken, mit einem Geschirrtuch abdecken und knapp 2 Stunden gehen lassen.

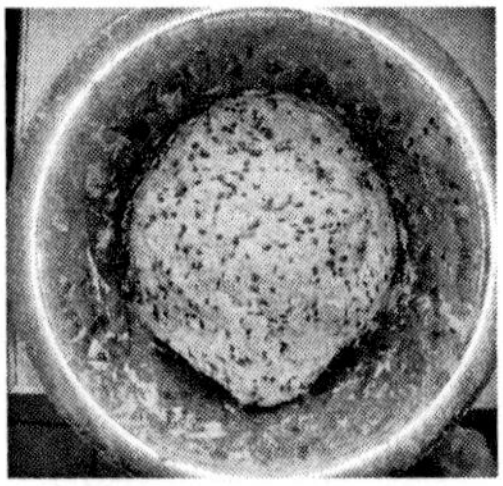

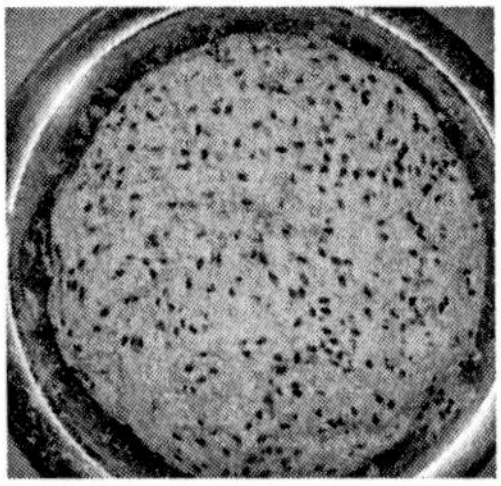

Nochmals kneten, Brötchen zu 90 g abwiegen

Nochmals 5-10 Minuten gut durchkneten. Jeweils Portionen von 90 g abwiegen und zwischen den ganz leicht angefeuchteten Händen (einen Finger etwas nass machen, damit über die Handfläche streichen, reicht aus). Zu runden Brötchen formen. Auf zwei mit Dauerbackfolie ausgelegte Backbleche legen.

Einschneiden

Oben mit einer Schere einschneiden, mit Wasser besprühen.

20 Min gehen lassen

Jedes Blech in eine große Plastiktüte stecken (evtl. Holzspieße als Abstandshalter in je zwei Brötchen stecken, damit die Tüte nicht an den Brötchen klebt) und 20 Minuten gehen lassen.

10 Min auf 225 °C vorheizen

Dann den Ofen 10 Minuten auf 225 °C (Umluft) vorheizen, dabei eine feuerfeste Form auf den Ofenboden setzen, mit kochendem Wasser füllen.

Backzeit: 20 Min
Temperatur:
15 Min: 225 °C
5 Min: 200 °C

Die Brötchen nochmals besprühen und mit den nassen Händen in Form drücken (sie laufen beim Gehen ein bisschen fladenförmig auseinander). Bleche einschieben und 15 Minuten bei 225 °C backen. Dann auf 200 °C stellen, die Bleche in der Position tauschen und nochmals 5 Minuten backen. Klopfprobe machen.

Nach dem Backen die Brötchen noch heiß mit Wasser einsprühen und auf einem Kuchengitter abkühlen lassen.

Anmerkung:
Ergibt 15 Brötchen;
Teigführung: 3 x;
vegan: ja

Quinoabrötchen

- 100 ml kaltes Wasser
- 1/2 Würfel Hefe (21 g)
- 100 g Quinoa
- 250 ml kochendes Wasser
- 60 g Dinkel
- 340 g Weizen
- 2 gestrichene Teelöffel Salz
- 1 gehäufte Teelöffel Orangenschale (siehe Seite 70)
- 2 Esslöffel Sonnenblumenöl
- 75 ml Wasser

Hefe in 100 ml Wasser auflösen. Quinoa fein mahlen und 250 ml kochendes Wasser über das Mehl gießen, verrühren (= Brühstück).

Restgetreide mahlen

Dinkel und Weizen mischen und fein mahlen.

Mit Hefewasser Vorteig herstellen; 20 Min gehen lassen

In die Mitte eine Mulde drücken, Hefewasser hineingießen und verrühren, bis sich in der Mitte ein Brei ergibt (= Vorteig). Gut zugedeckt (Plastiktüte und Geschirrtuch) 20 Minuten gehen lassen.

Alle Zutaten verkneten

Salz, Orangenschale und Öl an den Rand, Brühstück in die Mitte geben. Mit einem Löffel verrühren, dann in der Schüssel mit der Hand weiterkneten (am Rand mit geballter Faust niederdrücken, dabei Schüssel drehen). Dabei die restlichen 75 ml Wasser einarbeiten. Der Teig ist klebrig.

50 Min gehen lassen

Schüssel in Plastiktüte stecken, mit Geschirrtuch umwickeln und 50 Minuten gehen lassen.

Aus jeweils 1 Esslöffel Teig Brötchen formen

Nochmals gut durchkneten, dabei 1 Esslöffel Mehl einarbeiten. Mit einem nassen Esslöffel Portionen abstechen und in den nassen Händen zu Kugeln rollen. Direkt in Silikon-Muffinförmchen legen.

30 Min gehen lassen; 10 Min auf 225 °C

Backblech in eine große Plastiktüte stecken und 30 Minuten gehen lassen.

Backzeit: 15 Min
Temperatur:
10 Min bei 220 °C
Nachbacken: 5 Min

In den letzten 10 Minuten den Ofen auf 225 °C (Umluft) vorheizen, auf den Boden eine feuerfeste Schale mit Wasser stellen. Brötchen besprühen und auf die mittlere Schiene einschieben. Nach 10 Minuten die Ofentemperatur auf 220 °C stellen. Dann den Ofen abschalten und noch 5 Minuten nachbacken. Klopfprobe machen.

Anmerkung:
Ergibt etwa 15-16 kleine Brötchen; Teigführung: 3 x; vegan: ja

Roggenplättchen minus S

- 125 g Buchweizen
- 250 g Roggenmehl
- 75 g Kamut
- 175 g Dinkel
- 1 1/2 Würfel Hefe
- 350 ml lauwarmes Wasser
- 40 g Sonnenblumenöl
- 2 Teelöffel Salz
- 1 gestrichener Teelöffel gemahlener Fenchel

Getreide fein mahlen	Getreide mischen und in der Getreidemühle fein mahlen. Mit Salz und Fenchel mischen.
Vorteig herstellen **15 Min gehen lassen**	Hefe in einem Teil des warmen Wassers auflösen In das Mehl eine Mulde drücken und die Hefe hineingießen (= Vorteig). Mit etwas Mehl zu einem dicklichen Brei vermengen. Mit Mehl überstäuben und den Hefeansatz 15 Minuten gehen lassen.
Zutaten maschinell kneten	Alle Zutaten in die Küchenmaschine geben und mit dem Hackmesser gründlich mehrere Minuten lang mit unterschiedlichen Geschwindigkeiten verkneten.
60 Min gehen lassen	In eine Schüssel umfüllen, in eine Plastiktüte stecken und den Teig 60 Minuten gehen lassen.
Kneten, Brötchen zu 90 g abwiegen	Noch einmal gut durchkneten. Aus dem Teig 90 g schwere Kugeln formen (abwiegen) und auf ein mit Dauerbackfolie ausgelegtes Backblech setzen. Gut mit Wasser besprühen und mit Mehl bestreuen.
10 Min gehen lassen; **vorheizen auf 250 °C**	Offen noch 10 Minuten gehen lassen, in dieser Zeit den Ofen auf höchster Stufe vorheizen.
Backzeit: 25 Min **Temperatur:** **10 Min: 225 °C** **15 Min: 175 °C**	10 Minuten auf höchster Stufe backen, dann auf 175 °C (Umluft) stellen und weitere 15 Minuten backen. Klopfprobe machen. Auf einem Kuchengitter auskühlen lassen.

Anmerkung: *Ergibt etwa 12 Brötchen; Teigführung: 3 x; vegan: ja*

Schwedische Buchweizenklopse

Am Morgen:

- 125 g Buchweizen
- 75 g Leinsamen
- 50 g Sultaninen
- 400 g kochendes Wasser

Am späten Nachmittag (10 Stunden später):

- 1/2 Würfel Hefe (ca. 21 g)
- 75 g Wasser
- 410 g Dinkel
- 100 g Hartweizen
- 1,5 Teelöffel Salz
- 1 gestrichener Teelöffel Grapefruitschale (oder eine andere Zitrusschale; siehe Seite 70)
- 25 g Wasser

10 Stunden quellen lassen

Morgens: Buchweizen, Leinsamen und Sultaninen mischen. Mit dem kochenden Wasser übergießen, durchrühren und 10 Stunden quellen lassen.

***Nachmittags* die Hefe in 75 g Wassers auflösen.**

Getreide mahlen

Dinkel und Hartweizen fein mahlen und mit Salz und Grapefruitschale mischen.

Zutaten mit der Hand kneten

Den Brei vom Morgen, Hefewasser und Mehl erst mit einem Löffel mit Loch, dann mit den Händen 10 Minuten gut durchkneten. Dabei die restlichen 25 g Wasser allmählich einarbeiten. Der Teig ist recht klebrig.

60 Min gehen lassen

Die Schüssel mit dem Teig in eine Plastiktüte stecken und warm etwa 1 Stunde stehen lassen. Der Teig hat sich dann deutlich vergrößert.

Brötchen zu 80 g formen

Den Teig nochmals kurz durchkneten; mit einem nassen Esslöffel Portionen von etwa 80 g abnehmen. Mit nassen Händen Kugeln formen und auf zwei mit Backpapier ausgelegte Bleche verteilen.

30 Min gehen lassen

Besprühen und jeweils in einer Plastiktüte nochmals etwa 30 Minuten gehen lassen.

Die Bleche in den kalten Backofen schieben.

Backzeit: 25 Minuten
Nachbacken: 5 Min
Temperatur: 180 °C

25 Minuten bei 180 °C (Umluft) backen (nach 20 Minuten die Bleche tauschen); dann im ausgestellten Ofen noch 5 Minuten nachbacken. Klopfprobe machen. Noch heiß mit Wasser besprühen und auf einem Kuchengitter auskühlen lassen.

Anmerkung:
Ergibt ca. 14 Klopse; Teigführung: 3 x; vegan: ja

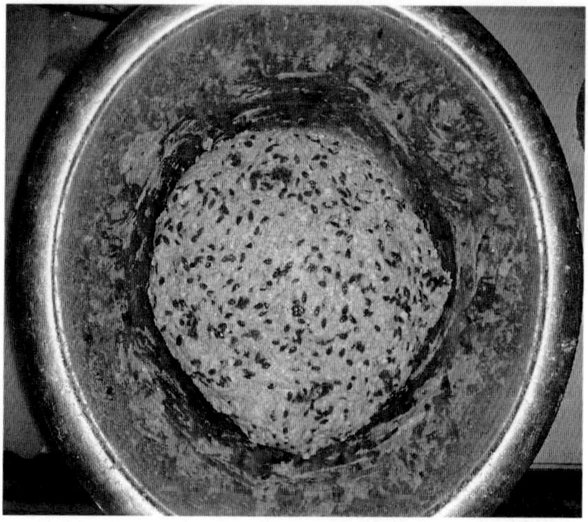

Vor dem ersten Gehen (nicht dem Quellen)

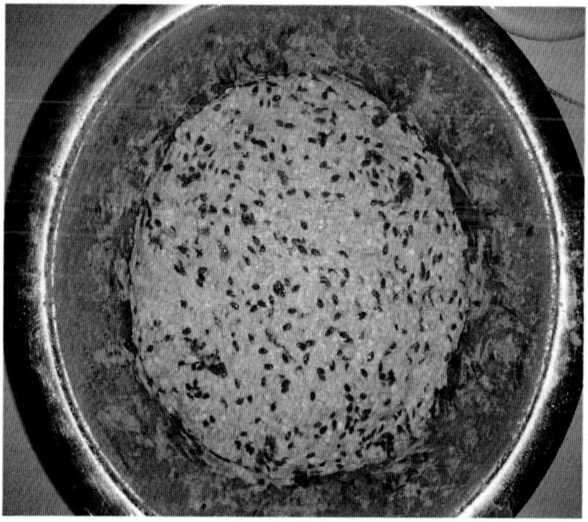

Nach dem ersten Gehen

Grünkernmöhrenlaibl: mit frischen Möhren; deftiger Geschmack

Kamutkugeln: mit Leinsamen und Hartweizen

Kartoffelbrötchen: mit saurer Sahne

Pignolia Rolls: mit Einkorn und Pinienkernen

Roggenplättchen plus S: mit Sauerteig

Anmerkung:
Warum sollen wir uns überhaupt die Mühe der häufigeren Teigführung machen? Die Antwort ist: Der Teig wird anders. Zum Beispiel sind die Poren kleiner, wir brauchen weniger Triebmittel (vor allem Hefe), was einen möglichen Hefegeschmack verringert und den Eigengeschmack des Getreides verstärkt. Je öfter der Teig geht bzw. geführt wird, umso schöner geht er auch im Backofen noch auf.

Grünkernmöhrenlaibl

- 95 g Grünkern
- Wasser

- 1 Würfel Hefe (42 g)
- 1 Teelöffel Honig
- ca. 50 g Wasser
- 100 g Grünkern
- 300 g Dinkel
- 2 Teelöffel Salz
- 100 g Möhre

- **95 g Grünkern 24 Stunden in Wasser einweichen, eventuell nach 12 Stunden Wasser erneuern. Grünkern abtropfen lassen, Einweichwasser auffangen, mit frischem Wasser auf 210 g auffüllen.**
- **Hefe und Honig im Wasser auflösen.**
- **Möhre fein raspeln**
- **100 g Grünkern und Dinkel fein mahlen, mit dem Salz zu den Möhren geben. Hefewasser dazu schütten.**

Alle Zutaten maschinell verkneten	Mit Thermomix: bei Teigeinstellung 2,5 Minuten kneten lassen, dann noch 5 Minuten in einer Schüssel mit der Hand kneten.
45 Min gehen lassen	Teig zu einer Kugel formen, die Schüssel mit der Teigkugel in eine Plastiktüte stecken und an einem warmen Platz 45 Minuten gehen lassen. Der Teig hat sich dann im Volumen verdoppelt.
Kneten und Brötchen zu 70 g formen	Nochmals gut durchkneten (ca. 5 Minuten). Zwei Bleche mit Backpapier auslegen. Portionen von 70 g abwiegen, in der Hand durchkneten und dann rund- und flachdrücken. Nebeneinander mit einem Abstand von 5 cm auf die Backbleche setzen.
30 Min gehen lassen; davon 10 Min auf 200 °C vorheizen	Mit Wasser einsprühen. Die Bleche in große Plastiktüten stecken und nochmals 30 Minuten gehen lassen, in den letzten 10 Minuten den Ofen auf 200 °C (Umluft) vorheizen.
Backzeit: 20 Minuten Temperatur: 200 °C Nachbacken: 5 Min	20 Minuten backen. Ofen ausstellen, 5 Minuten nachbacken. Klopfprobe machen. Noch heiß mit Wasser einsprühen und auf einem Kuchengitter auskühlen lassen.

Anmerkung: Ergibt 12 Laibl; Teigführung: 3 x; vegan: nein

Vegan: Honig weglassen

Kamutkugeln

- 50 g Hartweizen
- 450 g Kamut
- 50 g Leinsamen
- 1/2 Würfel Hefe (21 g)
- 300 ml lauwarmes Wasser
- 1 Teelöffel Salz
- 10 g Honig (1 Teelöffel)
- 30 g Sonnenblumenöl (= 3 Esslöffel)

Getreide mischen und in der Getreidemühle fein mahlen.
Mit Leinsamen mischen.

Hefevorteig herstellen, 15 Min gehen lassen

Hefe in einem Teil des warmen Wassers verrühren, bis sich die Hefe gelöst hat. In die Mehlmischung eine Mulde drücken, das Hefewasser hineingeben und mit etwas Mehl verrühren (= Vorteig). 15 Minuten stehen lassen.

Zutaten maschinell kneten

Restwasser mit Salz in den Thermomix geben, die anderen Zutaten und den Vorteig hinzufügen. Auf der Teigstufe etwa 3,5 Minuten kneten lassen.

60 Min gehen lassen

In einer Schüssel, eingepackt in eine Plastiktüte, 60 Minuten gehen lassen. Der Teig hat sich jetzt deutlich vergrößert.

Kneten, Brötchen zu 70 g formen, einschneiden

Den Teig nochmals gut durchkneten. Brötchen zu 70 g formen, mit einer Schere einmal einschneiden oder nebeneinander zwei Zipfel schneiden. Nebeneinander auf ein mit Backpapier ausgelegtes Backblech setzen und mit Wasser besprühen.

30 Min gehen lassen; davon 10 Min vorheizen auf 250 °C

In eine große Plastiktüte packen und nochmals 30 Minuten gehen lassen, in den letzten 10 Minuten den Ofen auf 210 °C (Umluft) vorheizen.

Backzeit: 20-25 Min
Temperatur: 210 °C

20-25 Minuten backen. Klopfprobe machen. Mit Wasser besprühen, auf einem Kuchengitter auskühlen lassen.

Anmerkung:
Ergibt 12 Brötchen; Teigführung: 3 x; vegan: nein

Vegan: Honig weglassen

Kartoffelbrötchen

- 100 g Hartweizen
- 100 g Weizen
- 350 g Dinkel
- 1 Teelöffel Koriander (ungemahlen)
- 1 Teelöffel Fenchel (ungemahlen)
- 1 Würfel Hefe (42 g)
- 125 ml saure Sahne
- 125 ml warmes Wasser
- 250 g Kartoffeln, ungeschält, roh, geraffelt
- 50 g Butter
- 1 geh. Teelöffel Salz (besser: 2 Teelöffel)

Getreide mischen und mit den Gewürzen in der Getreidemühle fein mahlen. Hefe in dem Sahne-Wasser-Gemisch auflösen.

Hefevorteig herstellen, 15 Min gehen lassen	Eine Kuhle in das Mehl drücken, die aufgelöste Hefe hineingießen und mit etwas Mehl zu einem Brei verrühren (= Vorteig). Schüssel in eine Plastiktüte geben und 15 Minuten gehen lassen.
Zutaten maschinell kneten	Mit den restlichen Zutaten in der Küchenmaschine (Hackmesser) mehrere Minuten kneten lassen.
30 Minuten gehen lassen	In eine Schüssel geben, mit Mehl bestäuben und in eine Plastiktüte einwickeln. Warm (z.B. vor einem sonnigen Fenster) 30 Min gehen lassen.
Brötchen zu 80 g abnehmen	Mit einem nassen Esslöffel 80 g schwere Stücke abnehmen (auf Waage kontrollieren), zwischen den nassen Händen durchkneten, zu Kugeln formen und auf ein Backblech legen (ausgelegt mit Dauerbackfolie). Mit Wasser besprühen.
15 Min gehen lassen; dabei vorheizen auf 200 °C	Backblech in eine große Plastikfolie geben und oben auf den Ofen stellen. Dabei den Ofen auf 200 °C (Umluft) vorheizen.
Brötchen einschneiden Backzeit: 20-25 Min Temperatur: 175 °C	Die Brötchen nochmals mit Wasser einsprühen, oben mit der Schere kreuzweise einschneiden und in den Ofen schieben, Temperatur auf 175 °C herunterstellen und etwa 20-25 Minuten backen (Klopfprobe!). Nochmals kurz besprühen und auf einem Kuchengitter auskühlen lassen.

Anmerkung: Ergibt 13 Brötchen; Teigführung: 3 x; vegan: nein

Pignolia Rolls

- 35 g Hefe (3/4 Würfel)
- 75 g Wasser
- 300 g Dinkel
- 200 g Einkorn
- 2 Teelöffel Salz
- 1 Teelöffel Paprika edelsüß
- 60 g Sahne
- 100 g Chiliöl (s. Seite 102)
  oder 100 g Sonnenblumenöl und 1 kleine Prise Chili oder Cayennepfeffer
- 110 g Wasser
- 150 g Pinienkerne (Pignolia ist englisch für Pinienkerne)

Hefe in 75 g Wasser auflösen.

Getreide mahlen

Dinkel und Einkorn fein mahlen und mit Salz und Paprikapulver mischen.

20 Min mit der Hand kneten (ohne Pinienkerne)

Hefewasser und Sahne in die Mitte des Mehls geben, Öl an den Rand gießen, damit es nicht direkt mit der Hefe in Kontakt kommt.

50 g von den 110 g Wasser ebenfalls hinzufügen.

Erst mit einem Löffel mit Loch, dann mit den Händen 20 Minuten gut durchkneten. Dabei die restlichen 60 g Wasser allmählich einarbeiten.

30 Minuten gehen lassen

Eine Teigkugel formen, mit Wasser besprühen und die Schüssel mit dem Teig in eine Plastiktüte stecken und warm etwa 30 Minuten gehen lassen. Der Teig hat sich dann merklich vergrößert.

Kneten, Pinienkerne einarbeiten
30 Min gehen lassen

Den Teig nochmals durchkneten und dann die Pinienkerne einarbeiten; wieder eine Teigkugel bilden und einsprühen. Nochmals zugedeckt 30 Minuten gehen lassen.

Brötchen zu 70 g abwiegen

Kurz durchkneten. Portionen von 70 g abwiegen und mit den Händen zu Kugeln formen. Nebeneinander auf ein mit Backpapier ausgelegtes Backblech setzen.

Einschneiden
30 Min gehen lassen
10 Min vorheizen auf 200 °C

Gut mit Wasser besprühen, einmal oben mit der Schere einschneiden und in einer Plastiktüte etwa 30 Minuten gehen lassen. In den letzten 10 Minuten den Ofen auf 200 °C (Umluft) vorheizen.

Backzeit: 20 Minuten
Temperatur: 200 °C

Das Blech in den Backofen schieben, eine Tasse Wasser auf den Boden schütten. Etwa 20 Minuten backen. Klopfprobe machen.

Mit Wasser besprühen und auf einem Kuchengitter auskühlen lassen.

Anmerkung:
Ergibt 14 Rolls; Teigführung: 3 x; vegan: nein

- Vegan: die Sahne ersetzen durch 30 g Öl + 30 g Wasser

Roggenplättchen plus S

- 50 g Hafer
- 75 g Buchweizen
- 250 g Roggenmehl
- 125 g Einkorn
- 125 g Dinkel
- 1 1/2 Würfel Hefe (63 g)
- 350 ml lauwarmes Wasser
- 100 g Roggensprossen (s. S. 54, von 3 EL Roggen)
- 60 g Sauerteig (Seite 38)
- 2 Teelöffel Salz
- 40 g weiche Butter

Getreide mahlen	Getreide mischen und in der Getreidemühle fein mahlen.
Vorteig herstellen 15 Minuten gehen lassen	Hefe in einem Teil des warmen Wassers auflösen. In das Mehl eine Mulde drücken und die Hefe hineingießen. Mit etwas Mehl zu einem dicklichen Brei vermengen. Mit Mehl überstäuben und den Hefeansatz (= Vorteig) 15 Minuten gehen lassen.
Roggensprossen zerkleinern	Die Roggensprossen zerkleinern (im Thermomix: 6 Sekunden auf Stufe 6).
Alle Zutaten maschinell kneten	Sauerteig, Salz, Butter und dann die restlichen Zutaten hinzugeben. Thermomix: Teigstufe 4 Min.
60 Minuten gehen lassen	In eine Schüssel umfüllen, in eine Plastiktüte stecken und den Teig 60 Minuten gehen lassen.
Durchkneten Brötchen von 90 g abwiegen	Noch einmal gut durchkneten. Aus dem Teig 90 g schwere Kugeln formen (abwiegen) und auf ein mit Dauerbackfolie ausgelegtes Backblech setzen. Gut mit Wasser besprühen und mit Mehl bestäuben.
10 Min gehen lassen Vorheizen auf 250 °C	Brötchen offen noch 10 Min gehen lassen, in dieser Zeit den Ofen auf höchster Stufe vorheizen.
Backzeit: 25 Minuten Temperatur: 10 Min 250 °C 15 Min 175 °C	10 Minuten auf höchster Stufe backen, dann auf 175 °C (Umluft) stellen und weitere 15 Minuten backen. Klopfprobe machen. Mit Wasser einsprühen und auf einem Kuchengitter abkühlen lassen.

Anmerkung: Ergibt 14 Plättchen; Teigführung: 3 x; vegan: nein

Vegan: Butter ersetzen durch gemahlene Mandeln

Brötchen, die mindestes viermal gehen

Dinkel-Amaranth-Brötchen: gehen 4 mal

Dinkelschrotbrötchen: gehen 4 mal; mit Einkorn

Dinkelschrotbrötchen Numero Duo: gehen 4 mal; vegan

Dinkel-Sesambrötchen: gehen 5 mal; mit Grünkern

Energiebrötchen: gehen 5 mal; scharf im Geschmack

Luftbrötchen: gehen 8 mal; mit Einkorn

Mohnbrötchen Variante II, gehen 5 mal; Mohn wird mit gemahlen

Dinkel-Amaranth-Brötchen

- 500 g Dinkel
- 1/2 Würfel Hefe (21 g)
- 530 ml kaltes Wasser
- 3 gestrichene Esslöffel saure Sahne
- 300 g Amaranth
- 200 g Hirse
- 20 g Salz (= 4 gestrichene Teelöffel)

Stufe 1
Teilteig ansetzen und 90 Min gehen lassen

Rühren mit dem Löffel

250 g Dinkel fein mahlen

1/2 Würfel Hefe in 200 ml Wasser und 3 Esslöffel saure Sahne auflösen und in einer ausreichend großen Schüssel (da muss noch viel reinpassen!) mit Hilfe eines Esslöffels mit dem Dinkel verrühren. Mit Folie (Plastikbeutel) gut verschließen / 90 Minuten gehen lassen

Stufe 2
Mehl und Wasser hinzufügen und 90 Min gehen lassen

Kneten mit den Knethaken

250 g Dinkel fein mahlen mit 180 ml Wasser und Stufe 1-Ansatz mit Hilfe des Handrührgeräts (Knethaken) gründlich verkneten. Schüssel mit Folie (Plastikbeutel) gut verschließen / 90 Minuten gehen lassen.

Stufe 3
Amaranth und Hirse hinzu; 20 Min gehen lassen

Kneten mit der Hand

300 g Amaranth fein mahlen. Langsam in die Mühle rieseln lassen, damit sich die Mühle nicht zusetzt.

200 g Hirse fein mahlen. 20 g Salz untermischen. Zusammen mit 150 ml Wasser gründlich unter Stufe 2-Ansatz kneten (Kneten mit der nassen Hand, bis alle Mehlreste in der Schüssel eingearbeitet sind, dann auf einer glatten Fläche weitermachen, bis sich ein geschmeidig-elastischer Teig ergibt). Schüssel in eine Plastiktüte stecken / 20 Minuten gehen lassen.

80 g schwere Brötchen abwiegen

Nochmals gut durchkneten. Mit einem nassen Löffel 80 g schwere Teigstücke (abwiegen!) abstechen, in den leicht feuchten Händen durchkneten und zu runden Brötchen formen. Oberfläche in Wasser tauchen, dann einige Teiglinge in Mohn, die anderen in Haferflocken drücken. Nebeneinander auf zwei mit Dauerbackfolie ausgelegte Backbleche setzen. Die Brötchen mit einem Messer kreuzförmig etwa 1 cm tief einschneiden und mit Wasser besprühen.

15 Min gehen lassen, vorheizen auf 250 °C

In den Ofen eine mit heißem Wasser gefüllte feuerfeste Form setzen. Ofen 15 Minuten auf 250 °C (Umluft) vorheizen.

Backzeit: 20 Minuten
Temperatur:
10 Min bei 250 °C
10 Min bei 175 °C
5 Min nachbacken

Bleche zusammen (ohne Umluft: nacheinander backen) in den Ofen schieben und 10 Minuten bei 250 °C backen, dann 10 Minuten bei 175 °C backen. 5 Minuten im ausgestellten Ofen nachbacken lassen. Klopfprobe machen. Nach dem Backen leicht mit Wasser besprühen und auf einem Kuchengitter auskühlen lassen.

Anmerkung:
Ergibt 18 Brötchen; Teigführung: 4 x; vegan: nein

💣 Vegan: saure Sahne durch 1 Esslöffel Nussmus (z.B. Mandelmus S. 122) und 2 Esslöffel Wasser ersetzen

Dinkelschrotbrötchen

- 1 Würfel Hefe (42 g)
- 325 ml warmes Wasser
- 250 g Dinkel
- 90 g Einkorn
- 160 g Weizen
- 1 Teelöffel Honig
- 2 gestrichener Teelöffel Salz

Hefe in 125 ml Wasser lösen.
Dinkel fein schroten; dann Einkorn und Weizen mischen und fein mahlen

Vorteig herstellen; 20 Minuten gehen lassen	Mit 6 Esslöffel vom feingemahlenen Mehl und dem Honig das Hefewasser verrühren (= Vorteig). Schrot und restliches Mehl mit Salz mischen, in die Mitte eine Kuhle drücken und den Vorteig dort hineingießen. In einer Plastiktüte, zusätzlich umwickelt mit einem Geschirrtuch, an einem warmen Ort 20 Minuten gehen lassen.
Restliches Wasser einarbeiten; 15 Minuten kneten	Mit dem Handrührgerät / Knethaken den Teig mit weiteren 150 ml Wasser kneten, bis sich ein fester Teig ergibt. Auf eine glatte Fläche stürzen und mit den Händen weiterkneten (Rechteck ausdrücken, zwei Seiten zur Mitte schlagen, mit den Händen platt drücken, um 90 Grad drehen usw.), dabei ganz allmählich noch 50 ml Flüssigkeit einarbeiten. Knetdauer insgesamt etwa 15 Minuten.
40 Min gehen lassen	In eine Schüssel legen, mit nassen Händen bestreichen. Die Schüssel in eine Plastiktüte geben, mit einem Geschirrtuch umwickeln und an einem warmen Ort (z.B. auf der Fensterbank) 40 Minuten gehen lassen. Das Teigvolumen hat sich dann verdoppelt.
Nochmals 4-5 Minuten kneten **Brötchen zu 90 g abwiegen**	Den Teig zusammenschlagen und nochmals gut mit den Händen durchwalken (4-5 Minuten), dabei immer die Hände in Wasser tauchen, wenn der Teig zu kleben beginnt. Portionen von 90 g abnehmen, in den nassen Händen durchkneten und ovale Brötchen formen. Nebeneinander auf ein mit Dauerbackfolie ausgelegtes Backblech legen.

Einschneiden **15 Minuten gehen lassen** **Vorheizen auf 225 °C**	Mit der Schere zweimal einschneiden, das Blech in einen großen Plastiksack packen und 15 Minuten gehen lassen. Nach 5 Minuten den Ofen auf 225 °C (Umluft) vorheizen, auf den Boden des Ofens eine feuerfeste Schale mit heißem Wasser stellen.
Backzeit: 20 Minuten **Temperatur:** **10 Min 225 °C** **10 Min 200 °C** **5 Min Nachbacken**	Die Brötchen mit Wasser einsprühen, auf die mittlere Schiene einschieben und 10 Minuten backen, dann die Hitze auf 200 °C stellen und nochmals 10 Minuten backen. Ofen ausstellen und Brötchen noch 5 Minuten nachbacken lassen. Klopfprobe machen. Nochmals mit etwas Wasser einsprühen und auf einem Kuchengitter abkühlen lassen.

Anmerkung:
Ergibt 9 Brötchen; Teigführung: 4 x; vegan: nein

- Vegan: einfach den Honig weglassen, der Teig braucht dann vielleicht etwas länger beim ersten Gehen

Dinkelschrotbrötchen Numero Duo

- 70 g Dinkel
- 100 g Wasser

- 30 g frische Hefe
- 250 g Wasser
- 250 g Dinkel
- 1 Teelöffel gemahlener Fenchel
- 250 g Weizen
- 2 Teelöffel Salz
- etwas Mehl

Dinkel schroten, 12 Std. quellen lassen	Am Vorabend: 70 g Dinkel schroten. Mit den 100 g Wasser verrühren und 12 Stunden quellen lassen.
Vorteig herstellen 20 Minuten gehen lassen	Hefe in etwa der Hälfte der 250 g Wasser lösen. 250 g Dinkel mit Fenchel mischen und mahlen, dann den Weizen mahlen. 7 Esslöffel Weizen mit dem Hefewasser verrühren (= Vorteig), Teig in der Schüssel eingepackt in einer Plastiktüte etwa 20 Minuten gehen lassen.
Alle Zutaten verkneten (20 Minuten)	Mehl mit dem Salz mischen. Dinkelschrot und Vorteig hinzugeben, mit der Teigkarte einarbeiten. Bis auf 50 g den Rest Wasser hinzugeben, mit der Hand verkneten. Sobald sich eine feste Masse bildet, auf eine glatte Fläche stürzen und mit der Hand weiterkneten (Rechteck ausdrücken, zwei Seiten zur Mitte schlagen, mit den Händen platt drücken, um 90 Grad drehen usw.), dabei ganz allmählich die 50 g Flüssigkeit einarbeiten. Knetdauer insgesamt etwa 20 Minuten.
90 Minuten gehen lassen	In eine Schüssel legen, mit nassen Händen bestreichen. Die Schüssel in eine Plastiktüte geben, mit einem Geschirrtuch umwickeln und an einem warmen Ort (z.B. auf der Fensterbank) 90 Minuten gehen lassen. Das Teigvolumen hat sich dann mehr als verdoppelt.
Durchkneten, Brötchen von 70-72 g abwiegen	Den Teig nochmals gut mit den Händen durchwalken (4-5 Minuten). Portionen von 70-72 g abnehmen, in den Händen durchkneten und ovale Brötchen formen.

40 Minuten gehen lassen davon 10 Minuten vorheizen auf 200 °C

Nebeneinander auf ein mit Dauerbackfolie ausgelegtes Backblech legen und mit Wasser besprühen. In einen großen Plastiksack packen und 40 Minuten gehen lassen. In den letzten 10 Minuten den Ofen auf 200 °C vorheizen, auf den Boden des Ofens eine feuerfeste Schale mit heißem Wasser stellen.

Einschneiden, mit Mehl bestreuen

Die Brötchen mit einem scharfen Messer längs einschneiden, mit etwas Mehl bestreuen und auf die mittlere Schiene einschieben.

Backzeit: 25 Minuten
Temperatur: 175 °C
Nachbacken: 5 Min

Die Hitze auf 175 °C (Umluft) stellen und 25 Minuten backen. Ofen ausstellen und Brötchen noch 5 Minuten nachbacken lassen. Klopfprobe machen. Nochmals mit etwas Wasser einsprühen und auf einem Kuchengitter abkühlen lassen

Anmerkung:
Ergibt 13 Brötchen; Teigführung: 4 x (Quellvorgang mitgezählt); vegan: ja

Dinkel-Sesambrötchen

Gehen des Vorteigs

- 30 g Hefe
- 100 g Wasser
- 350 g Dinkel
- 150 g Grünkern
- 300 g Weizen
- 1 Esslöffel Brotgewürz ungemahlen
- 2,5 Teelöffel Salz
- 50 g Sesamsamen, ungeschält

- 350 g Wasser
- 2 Esslöffel Sesamöl
- 40 g Sahne
- 1 gehäufter Esslöffel Schmand

- 3-4 Esslöffel Sesamsamen, ungeschält

Hefe in 100 g Wasser auflösen.

Getreide mit Brotgewürz mahlen

Getreide mischen. Die erste Hälfte zusammen mit dem Brotgewürz mahlen, dann die zweite Hälfte (damit die Mühle nicht mehr nach Brotgewürz riecht, mahle ich in zwei Hälften).

Vorteig herstellen, 15 Minuten gehen lassen

Von dem ungewürzten Mehl etwa 6-7 Esslöffel mit der Hefe zu Brei rühren (= Vorteig); Teig in der Schüssel in einer Plastiktüte 15 Min gehen lassen.

Zutaten 20 Minuten verkneten, dabei Wasser allmählich einarbeiten

Trockene Zutaten und Salz in einer ausreichend großen Schüssel vermischen. Öl, Sahne, Schmand und ca. 100 g Wasser an den Rand gießen, das Hefewasser in die Mitte schütten. Mit einer Teigkarte mischen, dabei weitere etwa 200 g Wasser unterarbeiten. Dann mit der Hand weiterkneten (mit geradem Arm die Faust am Rand entlang herunterdrücken, mit der anderen Hand die Schüssel drehen. Nach einer Runde den Teig auf die Hälfte klappen und den Zyklus mehrfach wiederholen). Dabei ganz allmählich die restlichen ca. 50 g Wasser einarbeiten. Insgesamt 20 Minuten kneten.

90 Minuten gehen lassen

Zu einer Kugel formen, die Schüssel in einen großen Plastiksack stecken, mit einem Geschirrtuch abdecken und auf der Fensterbank über einer Heizung 90 Minuten lang gehen lassen. Der Teig hat sich dann verdoppelt.

Erneut kneten 45 Min gehen lassen	Nochmals 10 Minuten durchkneten, und auf dieselbe Weise 45 Minuten ein zweites Mal gehen lassen. Das Teigvolumen hat sich dann wieder verdoppelt.
Erneut kurz kneten, Brötchen zu 82 g formen	Den Teig nochmals gut mit den Händen durchwalken (4-5 Minuten). Eine kleine Schüssel mit Wasser füllen, Sesam auf einen flachen Teller geben. Teigportionen von etwa 82 g abnehmen, in den feuchten Händen durchkneten und runde Brötchen formen.
In Sesam tauchen	Mit einer Seite erst in Wasser und dann in die Sesamkörner tauchen. Nebeneinander auf zwei mit Dauerbackfolie ausgelegte Backbleche legen und mit Wasser besprühen.
30 Minuten gehen lassen, davon 10 Minuten vorheizen auf 200 °C	Jedes Blech in einen großen Plastiksack packen und 20 Minuten gehen lassen. Dann den Ofen 10 Min auf 200 °C (Umluft) vorheizen, auf den Boden des Ofens eine feuerfeste Schale mit heißem Wasser stellen.
Brötchen einschneiden	Die Brötchen mit der Schere längs einschneiden, nochmals besprühen und beide Bleche einschieben
Backzeit: 20-25 Min Temperatur: 200 °C	15 Minuten backen, dann die Bleche tauschen und weitere 5-10 Minuten backen. Klopfprobe machen. Nochmals mit etwas Wasser einsprühen und auf einem Kuchengitter abkühlen lassen.

Anmerkung: Ergibt 15 Brötchen; Teigführung: 5 x, vegan: nein

Vegan: Schmand ersetzen mit 1 EL Mandelmus, Sahne mit 40 ml Wasser

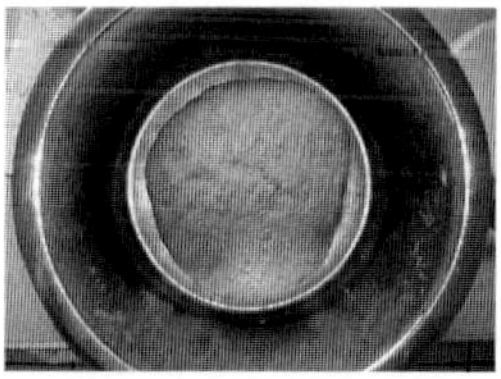

Energiebrötchen

- 10 g frische Hefe
- 1 Teelöffel Honig
- 100 g kaltes Wasser

- 250 g Einkorn
- 100 g Sahne
- 50 g Wasser

- 250 g Dinkel
- 200 g Mandeln
- 2,5 Teelöffel Salz
- 1 Teelöffel Orangenschale (S. 70)
- 4 Teelöffel Kräutermischung, z.B. „Energie" von Sonnentor
- 50 g Wasser

- 40 g Wasser

Hefe und Honig in 100 g Wasser auflösen.
Einkorn mahlen.

Vorteig aus 100 g Einkorn und Hefewasser, 20 Min gehen lassen

Einkorn fein mahlen. Ca. 100 g davon mit dem Hefewasser zu einem Brei verrühren (= Vorteig). Abgedeckt 20 Minuten gehen lassen.

Rest Einkorn, Sahne, 50 g Wasser verrühren = Teigstufe 1
1 Stunde gehen lassen

Restliches Einkornmehl, Sahne und 50 g Wasser unter den Vorteig rühren, Schüssel in eine Plastiktüte stecken und an einem warmen Ort 1 Stunde gehen lassen (= Teigstufe 1).

Dinkel mahlen, 100 g Mandeln mahlen, 100 g grob hacken

Dinkel fein mahlen. 100 g Mandeln im Zerkleinerer fein mahlen, die anderen 100 g Mandeln grob hacken.

Alle Zutaten 15-20 Minuten mit der Teigstufe 1 verkneten, dabei 40 g Wasser einarbeiten

Dinkelmehl, gemahlene Mandeln, Salz, Orangenschale und Kräutermischung (zwischen den Händen zerreiben, dann erst entfaltet sich das volle Aroma) mischen. Mehlmischung mit Teigstufe 1 und 50 g Wasser weitestgehend verrühren, dann mit der Hand kneten. Die eine Hand drückt mit der Faust auf den Teigrand, die andere Hand dreht die Schüssel.

Sobald alles Mehl aufgenommen ist, die gehackten Mandeln hinzugeben. Insgesamt 15-20 Minuten kneten, dabei noch etwa 40 g Wasser einarbeiten. Der Teig soll an den Händen nur leicht kleben und sich vom Schüsselrand lösen.

1 Stunde gehen lassen

Zu einer Kugel formen, die Schüssel in einer Plastiktüte an einem warmen Ort 1 Stunde gehen lassen. Der Teig hat sich dann merklich vergrößert.

Erneut kneten
45 Min gehen lassen

Mit der Hand nochmals 5 Minuten gründlich durchkneten. Wieder eine Kugel formen und in der Plastiktüte 45 Minuten gehen lassen.

Kneten,
Brötchen zu 60 g abwiegen

Teig kurz durchkneten und Portionen zu 60 g abwiegen. Die Teigstücke zwischen den leicht feuchten Händen zu Kugeln formen.

Einschneiden,
30 Min gehen lassen
Vorheizen auf 200 °C

Jeweils 9 Stück auf ein mit Dauerbackfolie ausgelegtes Backblech setzen. Mit einem scharfen Messer einmal 1 cm tief einschneiden. Mit Wasser einsprühen. Die Bleche jeweils in eine große Plastiktüte stecken und 30 Min gehen lassen. Den Ofen wenige Minuten auf 200 °C (Umluft) vorheizen.

Backzeit: 20 Minuten
Temperatur: 200 °C

Auf den Boden eine feuerfeste Form mit kochendem Wasser stellen. Brötchen nochmals einsprühen, Bleche einschieben und 20 Minuten backen. Klopfprobe machen: Wenn die Brötchen hohl klingen, sind sie gar. Auf ein Kuchengitter legen und noch heiß mit Wasser besprühen.

Anmerkung: Ergibt 18 Brötchen; Teigführung: 5 x, vegan: nein

Vegan: Honig weglassen

Luftbrötchen

- 10 g Hefe (1/4 Würfel)
- 1 Teelöffel Honig
- 250 ml Wasser
- 100 g Einkorn
- 300 g Dinkel
- 1,5 Teelöffel Salz
- 1/2 gestrichener Teelöffel gemahlene Muskatnuss
- 1 Esslöffel Butter (22 g)

Hefe auflösen	Hefe mit Honig und 100 ml des Wassers verrühren.
Vorteig herstellen 15 Minuten gehen lassen	Getreide mahlen, 6 Esslöffel davon mit dem Hefewasser zu einem Brei verrühren (= Vorteig) und in eine Plastiktüte gepackt 15 Minuten gehen lassen *(1. Gehen)*.
Alle Zutaten miteinander verkneten	Restmehl mit Salz und Muskatnuss mischen. Mehl in eine Schüssel geben, Vorteig und Butter hinzufügen. Das Wasser nach und nach während des Knetens hinzufügen.
10 Min kneten 15 Min gehen lassen	Nach 10 Minuten Kneten in eine Schüssel packen, in ein Tuch hüllen und an einem warmen Ort 30 Minuten gehen lassen *(2. Gehen).*
5 Min kneten 15 Min gehen lassen (= ein Zyklus)	Den Teig nochmals durchkneten (5-10 Minuten), wieder gehen lassen. *(3. Gehen)*
Weitere 4 Zyklen	Diesen Zyklus noch jeweils 4 Mal wiederholen (am Besten eine Strichliste machen, sonst geht der Überblick verloren) *(4. bis 7. Gehen).*
Kleine Brötchen formen	Mit nassen Händen kleine Stücke vom Teig reißen und zu runden Brötchen formen. Auf ein mit Dauerbackfolie ausgelegtes Backblech setzen.
Vorheizen auf 250 °C 10 Min gehen lassen	Eine feuerfeste Form gefüllt mit heißem Wasser in den Ofen stellen und Backofen auf 250 °C (Umluft) vorheizen. Mit Wasser besprühen und nochmals 10 Minuten gehen lassen *(8. Gehen).*

Backzeit: 13 Min
Temperatur:
5 Minuten 250 °C
8 Minuten 175 °C
3 Minuten nachbacken

Auf mittlerem Einschub 5 Minuten bei 250 °C und 8 Minuten bei 175 °C backen. Ofen ausstellen und noch 3 Minuten nachbacken. Klopfprobe machen. Auf ein Kuchengitter geben und nochmals mit Wasser besprühen.

Anmerkung:
Ergibt 14 Brötchen; Teigführung: 8 x, vegan: nein

Die Brötchen werden schön „luftig", sehr locker, allerdings kleinporiger, als ich mir das vorgestellt hatte.

- Vegan: Honig weglassen; 22 g Butter ersetzen durch 2 EL Öl

Mohnbrötchen Variante II

- 1 Würfel Hefe (42 g)
- 125 g Wasser
- 400 g Dinkel
- 100 g Einkorn
- 50 g Mohn
- 65 g Wasser
- 60 g Sahne
- 1 Teelöffel Honig
- 1 geh. Teelöffel Salz
- 100 g Butter

- 30 g Butter
- 1-2 Esslöffel Mohn

Hefe auflösen

Hefe in 125 g Wasser verrühren.

Getreide und Mohn mahlen

Getreide und Mohn mischen und in der Getreidemühle fein mahlen (nur in einer Stahlmühle, sonst verklebt der Mohn die Mühle!! Wer keine Stahlmühle hat, muss den Mohn getrennt halten und z.B. in einem Mörser oder Mixer zerkleinern).

Vorteig herstellen
20 Min gehen lassen

Ein Mulde in das Mehl drücken, Hefewasser hineingeben und mit genug Mehl zu einem Brei rühren (= Vorteig). Schüssel in eine Plastiktüte packen, mit einem Geschirrtuch umhüllen und an einem warmen Ort 20 Minuten gehen lassen.

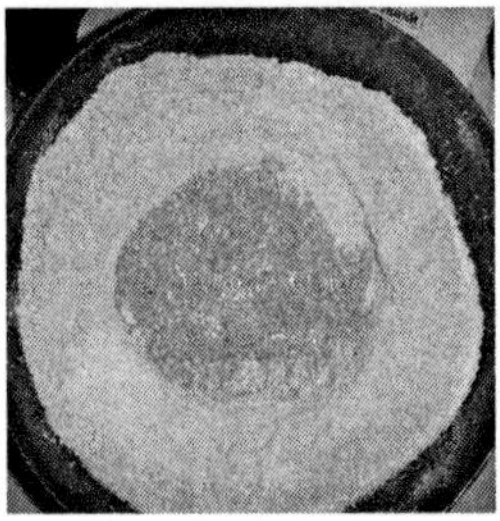

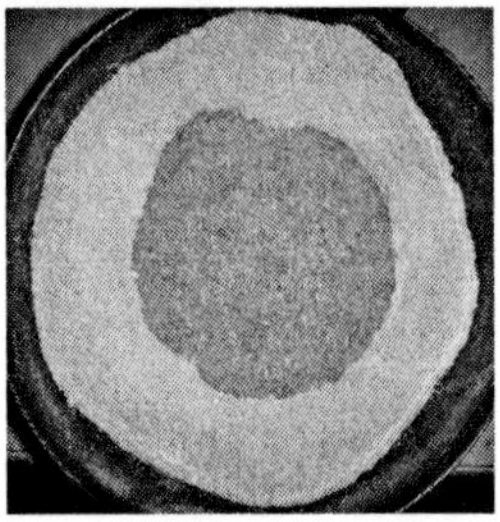

Zutaten gründlich kneten

Sahne, Honig, Salz, Hälfte der 65 g Wasser und die weiche Butter (früh genug aus dem Kühlschrank nehmen oder auf einen Teller auf einen Heizkörper stellen, bevor die Hefe aufgelöst wird) zu dem Mehl geben und eine Viertelstunde lang kneten, dabei allmählich den Rest Wasser einarbeiten.

	(Kneten: eine Hand drückt den Teig zusammen, die andere dreht die Schüssel immer ein Stückchen weiter). Zu einer Kugel formen, die Oberfläche mit der nassen Hand abwischen.
40 Min gehen lassen	Wieder „einpacken" und an einem warmen Ort 40 Minuten gehen lassen.
5-10 Min kneten, 40 Min gehen lassen	Dann auf einer glatten Fläche 5-10 Minuten kneten: Teig zu einem Rechteck auseinanderdrücken, alle vier Seiten nach innen schlagen, umdrehen, auseinanderdrücken usw. Wieder zu einer Kugel formen und wie oben beschrieben nochmals 40 Minuten gehen lassen.
5-10 Min kneten, 40 Min gehen lassen	Dies dann noch einmal wiederholen (also insgesamt 3 x 40 Minuten gehen lassen).
Brötchen zu 90 g abwiegen	Teig in 90 g Portionen teilen (wiegen), zwischen den Händen noch einmal durchkneten und runde Brötchen formen.
20 Min gehen lassen	Mit dem Teigschluss (= Nahtstelle) nach unten auf ein Backblech mit Dauerbackfolie setzen, mit Wasser besprühen, in einen großen Plastiksack geben und nochmals ca. 20 Minuten an einem warmen Ort gehen lassen.
10 Min vorheizen auf 225 °C Brötchen einschneiden	Dann den Heißluftofen innerhalb von 10 Minuten auf 225 °C (Umluft) vorheizen, die Brötchen sternförmig einschneiden und nochmals mit Wasser besprühen.
Temperatur: 200 °C Backzeit: 15 Min + 7-8 Min (dazwischen mit Mohn-Butter einpinseln)	Backblech auf der mittleren Schiene einschieben, Ofen auf 200 °C stellen und 15 Minuten backen. In der Zwischenzeit 30 g Butter zerlassen. Das Blech auf die offene Ofentür setzen, die Brötchen mit Butter bepinseln und mit Mohn bestreuen (ein Brötchen nach dem anderen so behandeln, sonst wird die Butter trocken und der Mohn klebt nicht mehr fest). Noch 7-8 Minuten weiter backen. Klopfprobe machen. Mit Wasser besprühen und auf einem Kuchengitter abkühlen lassen.

Anmerkung:
Ergibt 10-11 Brötchen; Teigführung: 5 x, vegan: nein

Bärlauchpesto

- 100 g Mandeln
- 4 reichliche Handvoll gewaschener und trocken geschleuderter Bärlauch
- 1 Esslöffel Salz
- Öl (etwa 50-70 ml)

Mandeln im Thermomix fein mahlen. Den Thermomix bis zum Rand mit Bärlauch füllen, auf Stufe 10 so lange laufen lassen, bis er fein gehackt ist. Salz und Öl hinzugeben und nochmals auf Stufe 10 einige Sekunden laufen lassen. In ausgekochte Gläschen füllen, oben etwas Platz lassen und die Oberfläche mit Öl begießen, damit der Bärlauch nicht schimmelt. Herstellung ist vermutlich auch im Mixer – oder bei kleineren Mengen – in einem Zerkleinerer möglich.

Thymianpesto

- 18 g Thymian (Gewicht inkl. Ästchen)
- 4-5 Esslöffel Öl
- 2 Teelöffel Salz

Blättchen von den Zweigen zupfen, die kahlen Zweige entsorgen. Die Blättchen im Zerkleinerer zerhacken, Öl und Salz hinzugeben und gut vermixen. In ein Pestogläschen füllen, dieses eine Weile umdrehen (am besten vorher mit kochendem Wasser ausspülen).

Chiliöl

- Sonnenblumenöl (ca. 400 ml)
- 3 frische Chilischoten
- 1 rote Zwiebel (75 g)
- 1 Esslöffel getrockneter grüner Pfeffer

Zwiebel schälen, achteln und in das Glas füllen (etwas größer als ein Marmeladenglas). Zwei Chilischoten dazu geben. Die dritte Schote in Ringe schneiden, die Kerne aus den Ringen drücken. Ringe und Pfeffer ebenfalls in das Glas geben. Mit Öl auffüllen und im Kühlschrank aufbewahren. Haltbarkeit mindestens ein halbes Jahr.

Zitronenöl

Eine große Zitrone schälen wie eine Apfelsine, d.h. nicht nur die obere Schicht fein abtrennen, sondern richtig „schälen“. Die Schalen in ein leeres Glas legen. Mit Sonnenblumenöl (oder auch Olivenöl) auffüllen.

Speziell geformte Brötchen

Chirurgische Gerstenstangen: mit Grünkern

Falsche Buttermilchzöpfe: mit Gerste

Haselnusswirbel: mit Trockenhefe

Kamutlaugerl: mit Natronlauge

Mandel-Gerstenkringel: mit saurer Sahne

Mohnschlingen: mit viel Hartweizen

Mürbe Kamuthörnchen: ohne Triebmittel

Peppige Mehrkornknoten: mit Chiliöl

Salzbrezeln: mit Essig und Amaranth

Sesamkränzchen: sehr schön locker

Wasserzöpfchen: mit Trockenhefe

Anmerkung:
Vegan sind: Chirurgische Gerstenstangen, peppige Mehrkornknoten und Wasserzöpfchen.

Chirurgische Gerstenstangen

- 250 g Dinkel
- 50 g Grünkern
- 200 g Nacktgerste
- 1 gehäufter Teelöffel Salz
- 1 Würfel Hefe (42 g)
- 350 ml Wasser
- 7 Esslöffel Olivenöl
- 2 Teelöffel Kümmel
- 3 Esslöffel Olivenöl zum Bestreichen

Getreide mischen und fein schroten. Mit dem Salz mischen. Hefe im Wasser auflösen.

Teigzutaten verkneten (OP-Handschuh zu Hilfe nehmen)	Hefewasser zu dem Mehl gießen und mit einer Teigkarte immer wiederzusammenschieben, bis alles Mehl aufgesaugt ist. Öl und Kümmel hinzufügen, weiter mit der Teigkarte bearbeiten. Jetzt den Folienhandschuh an der Knethand anziehen und den Teig auf einer glatten Fläche 10-12 Minuten lang gut durchkneten.
40 Min gehen lassen	In die Schüssel geben, kurz mit Wasser überstreichen. In eine Plastiktüte stecken, mit einem Handtuch umwickeln und auf einer Fensterbank 40 Minuten gehen lassen.
Kneten, Portionen zu 90 g abwiegen	Nochmals kurz durchkneten. 90 g Portionen abwiegen, zu gedrungenen Stangen formen und nebeneinander auf das Backblech legen (mit Dauerbackfolie ausgelegt).
2 x einschneiden, mit Öl bestreichen	Mit der Schere 2 x einschneiden, mit Öl bestreichen und in eine große Plastikfolie packen.
15 Minuten gehen lassen, davon 10 Min Ofen auf 225 °C vorheizen	15 Minuten gehen lassen, in den letzten 10 Minuten den Backofen auf 225 °C (Umluft) vorheizen, dabei eine feuerfeste Form mit heißem Wasser auf den Boden des Ofens stellen.
Backzeit: 25 Minuten Temperatur: 10 Min: 225 °C 15 Min: 200 °C	Auf die mittlere Schiene einschieben und 25 Minuten backen, dabei nach 10 Minuten auf 200 °C herunterstellen. Klopfprobe machen. Nach dem Backen mit Wasser einsprühen.

Anmerkung: Ergibt 10 Stangen; Teigführung: 2 x; vegan: ja

Falsche Buttermilchzöpfe

- 100 g Gerste, 75 g Dinkel, 325 g Weizen
- 1 Esslöffel getrockneter Sauerteigextrakt
- 1/2 Würfel Hefe (21 g)
- 125 g saure Sahne + 125 g Wasser (entspricht 250 g Buttermilch)
- 1 gehäufter Teelöffel Kräutersalz
- 50 g weiche Butter
- 2-3 Esslöffel Leinsamen / Sesam (zum Bestreuen)

Getreide mischen und fein schroten.

Zutaten verkneten	Schrot mit restlichen Zutaten (bis auf die Ölsaaten) in der Küchenmaschine verkneten.
45 Min gehen lassen	Teig mit Mehl bestreuen. In einer Plastiktüte 45 Min gehen lassen.
100 g Portionen zu Zöpfen flechten	In acht Teile teilen (je 100 g). Jedes Teil mit der Hand zu einem Strang von ca. 35-40 cm ausrollen. Daraus kleine Zöpfe flechten (s. Fotos).
In Ölsaaten tauchen	Eine flache Schüssel mit kaltem Wasser füllen, in eine andere flache Schüssel Leinsamen bzw. Sesam geben. Die Zöpfchen mit der Oberseite ins Wasser und dann – ohne sie umzudrehen! – in die Samen tauchen. Nebeneinander auf ein mit Dauerbackfolie ausgelegtes Backblech legen und mit Wasser besprühen.
30 Min gehen lassen	Das Backblech in einen großen Plastiksack geben und nochmals ca. 30 Minuten an einem warmen Ort gehen lassen.
5 Min vorheizen auf 190 °C Backzeit: 25 Min Temperatur: 190 °C	In den letzten 5 Min den Heißluftofen auf 190 °C (Umluft) vorheizen, Zöpfchen mit Wasser besprühen und 25 Min bei 190 °C backen. Klopfprobe machen.
	Mit Wasser besprühen, auf einem Kuchengitter auskühlen lassen.

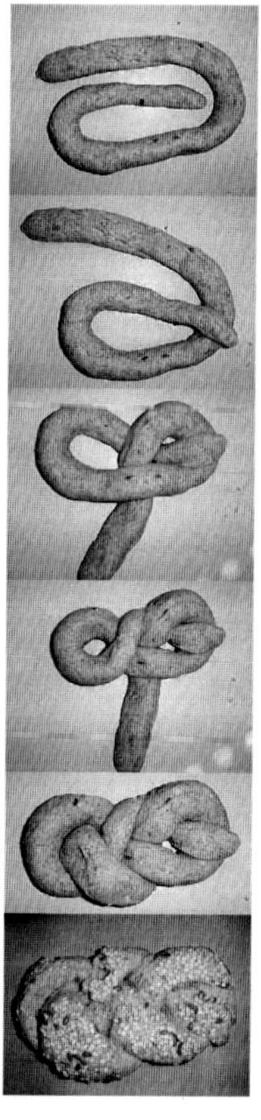

Anmerkung: Ergibt 8 Zöpfchen; Teigführung: 2 x; vegan: nein

Haselnusswirbel

- 2 Päckchen Trockenhefe
- 300 ml warmes Wasser
- 300 g Einkorn
- 200 g Dinkel
- 100 g Weizen
- 1,5 Teelöffel Salz
- 1/2 Teelöffel Koriander gemahlen
- 2 Teelöffel Honig
- 50 g Haselnüsse

Trockenhefe in der Hälfte des Wassers (150 ml) verrühren und auflösen.

Getreide mahlen	Getreide mischen und fein mahlen.
Vorteig herstellen	6 Esslöffel des Mehls mit dem Hefewasser verrühren (= Vorteig).
15 Minuten gehen lassen	Teigschüssel in eine Plastiktüte packen und an einem warmen Ort 15 Minuten gehen lassen.
Alle Zutaten (außer den Nüssen) miteinander verkneten	Restmehl mit dem Salz und Koriander mischen. Mit dem Vorteig und den restlichen Zutaten (außer den Nüssen) verkneten, z.B. in der Küchenmaschine oder im Thermomix (20 Sekunden auf Stufe 6, dann 2 Minuten auf Teigeinstellung).
45 Minuten gehen lassen	Den Teig in eine Schüssel geben, in eine Plastiktüte stecken, warm abdecken (z.B. mit einem Geschirrtuch) und 45 Min gehen lassen.
Nüsse hacken	Haselnüsse im Zerkleinerer grob zerhacken.
Teig gründlich durchkneten	Teig auf einer Fläche sehr gründlich kneten, bis der Teig einigermaßen glatt und unklebrig ist.
Ausrollen, mit Nüssen bestreuen	Auf ein Rechteck von 30 x 40 cm ausrollen, mit Wasser einsprühen und mit den gehackten Nüssen bestreuen.
Aufrollen, in 12 Scheiben schneiden	Den Teig von der Längsseite her fest aufrollen und mit einem scharfen Messer in 12 gleich große Scheiben schneiden.
15 Minuten gehen lassen	Die Scheiben auf ein mit Dauerbackfolie ausgelegtes Backblech legen und in einem großen Plastiksack 15 Minuten gehen lassen.

10 Min vorheizen auf 175 °C	Nach 5 Minuten den Ofen auf 175 °C (Umluft) stellen, auf den Boden des Ofens eine feuerfeste Schale mit kochendem Wasser stellen.
Backzeit: 20 Minuten Temperatur: 175 °C	Die Haselnusswirbel gut mit Wasser besprühen, auf der mittleren Schiene 20 Minuten backen. Klopfprobe machen und danach sofort auf ein Kuchengitter legen und nochmals mit Wasser kurz besprühen.

Anmerkung: Ergibt 12 Wirbel; Teigführung: 3 x; vegan: nein

Vegan: Honig ersetzen durch 2 pürierte Datteln

Lag es an der Trockenhefe, dass der Teig elendig klebrig war? Ich musste nach dem 2. Gehen noch 100 g Mehl einkneten, die von den Mengenverhältnissen her überhaupt nicht nötig gewesen wären. Und dann war er immer noch nicht so, wie ich Hefeteige gewohnt bin. Im Übrigen habe ich die Trockenhefe genauso behandelt wie Hefe, also nicht direkt in den Teig eingearbeitet, sondern in Flüssigkeit aufgelöst.

Kamutlaugerl

- 20 g Hefe (1/2 Würfel)
- 1 gehäufter Teelöffel Honig (20 g)
- 125 g Wasser
- 500 g Kamut
- 1 Teelöffel Salz
- 125 g Wasser;
  evtl. weitere 20-30 g Wasser
- 20 g Natron
- 1,25 Liter Wasser
- 2 Esslöffel Hagelsalz zum Bestreuen

Hefe mit Honig in 125 g Wasser auflösen.
Kamut fein mahlen
3-4 Esslöffel Mehl mit dem Hefewasser verrühren.
Den Brei mit Plastikfolie abdecken und 15 Minuten gehen lassen (= Vorteig)

Teigzutaten verkneten	Mehl und Salz mischen. Vorteig und 125 g Wasser hinzugeben und die Mischung zu einem geschmeidigen Teig verarbeiten (eine Hand knetet, die andere dreht die Schüssel). Dann je nach Teigbeschaffenheit noch 20-30 g Wasser einarbeiten.
45 Min gehen lassen	Eine Teigkugel formen, mit Wasser einsprühen, mit Plastikfolie abdecken und 45 Minuten gehen lassen.
Portionen zu 72 g abwiegen	Teig von Hand nochmals durchkneten und Portionen von 72 g abwiegen.
Jede Portion zu einer Rolle von 50 cm formen	Aus jedem Teigstück in drei Durchgängen (dann kann der Teig durch die kleine Ruhe zwischendurch besser gedehnt werden) eine ca. 50 cm lange Rolle formen.
Brezel formen	Die Rollen zu Brezeln formen, dabei die Enden gegeneinander verdrehen und auf den dickeren Mittelteil drücken (siehe Fotos rechts).
15-20 Min gehen lassen	Brezeln abgedeckt nochmals 15-20 Minuten gehen lassen.
Brezel 30 Sekunden in Lauge tauchen	Inzwischen Natron in Wasser auflösen und aufkochen. Jeweils 2 Brezeln ca. 30 Sekunden (von 21 bis 51 zählen) in die Lauge eintauchen, zwischendurch wenden.

Auf Backblech geben und mit Salz bestreuen

Mit einer Schöpfkelle herausnehmen, abtropfen lassen und auf die beiden mit Dauerbackfolie ausgelegten Backbleche geben (vorsichtig, die Brezel sind sehr glitschig-rutschig). Sofort mit dem groben Salz bestreuen.

Vorheizen auf 200 °C
Backzeit: 20 Minuten
Temperatur: 200 °C

Abkühlen lassen. Den Backofen auf 200 °C (Umluft) vorheizen, auf den Boden eine feuerfeste Schale mit kochendem Wasser stellen. Die Bleche einschieben und in ca. 20 Minuten goldbraun backen. Klopfprobe machen.

Noch heiß auf dem Blech mit Wasser einsprühen und dann auf einem Kuchengitter auskühlen lassen

Anmerkung:
Ergibt 11 Laugerl; Teigführung: 3 x; vegan: nein

Vegan: Honig weglassen

Mandel-Gerstenkringel

- 150 g saure Sahne
- 150 ml warmes Wasser
- 30 g Hefe
- 150 g Dinkel
- 350 g Gerste
- 1,5 Teelöffel Salz

- Zum Bestreuen:
  40 g Mandeln

Sahne mit 100 ml Wasser verrühren, die Hefe darin auflösen.
Dinkel fein mahlen und mit dem Hefewasser verrühren (= Vorteig).
15 Minuten gehen lassen.
Gerste fein mahlen und mit dem Salz mischen.

Teigzutaten verkneten, restliches Wasser einarbeiten

Mit dem Handrührgerät / Knethaken die anderen Zutaten (ohne Mandeln) portionsweise in den Vorteig einkneten, bis sich ein fester, krümeliger Teig ergibt. Auf eine glatte Fläche stürzen und mit den Händen weiterkneten (Rechteck ausdrücken, zwei Seiten zur Mitte schlagen, mit den Händen platt drücken, um 90 Grad drehen usw.), dabei ganz allmählich die restliche Flüssigkeit einarbeiten.

45 Min gehen lassen

In eine Schüssel legen, mit nassen Händen bestreichen. Die Schüssel in eine Plastiktüte geben, mit einem Geschirrtuch umwickeln und an einem warmen Ort (z.B. auf der Fensterbank) 40 Minuten gehen lassen (siehe Fotos rechts).

Mandeln hacken

Mandeln im Zerkleinerer grob hacken und auf einen flachen Teller schütten. Eine Schüssel oder einen Suppenteller mit Wasser füllen.

Teig erneut kneten

Den Teig zusammenschlagen und nochmals gut mit den Händen durchwalken (5-10 Minuten). Da Gerste keinen Kleber enthält, bleibt der Teig stets ein wenig krümelig.

Kringel zu 70 g formen

Mit dem Messer Portionen von 70 g abschneiden (wiegen) und in den Händen durchkneten und runde Brötchen formen. Leicht flach drücken, mit dem Ende eines Kochlöffels ein Loch in die Mitte drücken.

In Mandeln drücken	Teiglinge in das Wasser tauchen, dann in die Mandeln drücken und mit der Mandelseite nach oben nebeneinander auf ein mit Dauerbackfolie ausgelegtes Backblech legen.
15 Minuten gehen lassen	Das Blech in einen großen Plastiksack packen und 15 Minuten gehen lassen.
10 Min auf 225 °C vorheizen	Nach 5 Minuten den Ofen auf 225 °C (Umluft) vorheizen, auf den Boden des Ofens eine feuerfeste Schale mit heißem Wasser stellen.
Backzeit: 20 Min **Temperatur:** **10 Min: 225 °C** **10 Min: 200 °C** **Nachbacken: 5 Min**	Die Brötchen mit Wasser einsprühen, auf die mittlere Schiene einschieben und 10 Minuten backen, dann die Hitze auf 200 °C stellen und nochmals 10 Minuten backen. Ofen ausstellen und Brötchen noch 5 Minuten nachbacken lassen. Klopfprobe machen. Nochmals mit etwas Wasser einsprühen und auf einem Kuchengitter abkühlen lassen.

Anmerkung:
Ergibt 12 Kringel; Teigführung: 3 x; vegan: nein

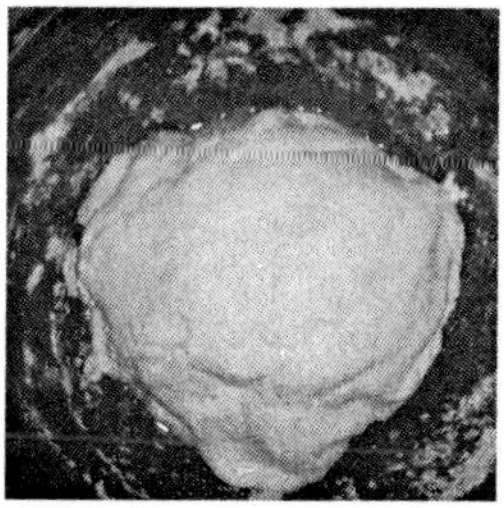

Vegan: Saure Sahne ersetzen durch 70 g Mandelmus und 70 g Wasser.

Mohnschlingen

- 200 g Hartweizen
- 250 g Dinkel
- 50 g Grünkern
- 150 ml warmes Wasser
- 1 Würfel Hefe (42 g)
- 1 gehäufter Teelöffel Vollmeersalz
- 200 ml Sahne
- 4-5 Esslöffel Mohn (zum Bestreuen)

Getreide sehr fein mahlen (sieben)	Getreide mischen und in der Getreidemühle fein mahlen. Im Mehlsieb sieben, im Sieb verbliebenen Rest erneut mahlen.
Hefe in Wasser lösen, Zutaten verkneten	Hefe in Wasser auflösen und mit den anderen Zutaten allmählich unter das Getreide kneten.
45 Min gehen lassen	In eine Plastiktüte stecken und 45 Min warm stellen (z.B. vor die Heizung).
80 g Portionen abwiegen und zu Schlingen formen	Vom Teig 80 g-Portionen abwiegen. Die einzelnen Stücke durchkneten, auf einer glatten Oberfläche zu einem Strang ausrollen (ca. 35 cm lang) und ein „enges“ U legen. Die beiden Stränge miteinander verflechten.
In Wasser, dann in Mohn tauchen	Einen Suppenteller mit Wasser füllen, in einen anderen Teller Mohn streuen. Die Schlingen mit der Oberseite ins Wasser und dann (ohne das Teil umzudrehen!) in den Mohn tauchen.
15 Min gehen lassen 5 Min vorheizen auf 200 °C	Nebeneinander auf das Backblech legen, mit Wasser besprühen und nochmals 15 Minuten gehen lassen. In den letzten 5 Minuten den Ofen auf 200 °C vorheizen
Backzeit: 15-20 Min Temperatur: 175 °C	Bei 175 °C etwa 15-20 Min backen (Klopfprobe). Heiße Schlingen nochmals mit Wasser besprühen.

Anmerkung: Ergibt 10-11 Schlingen; Teigführung: 2 x; vegan: nein

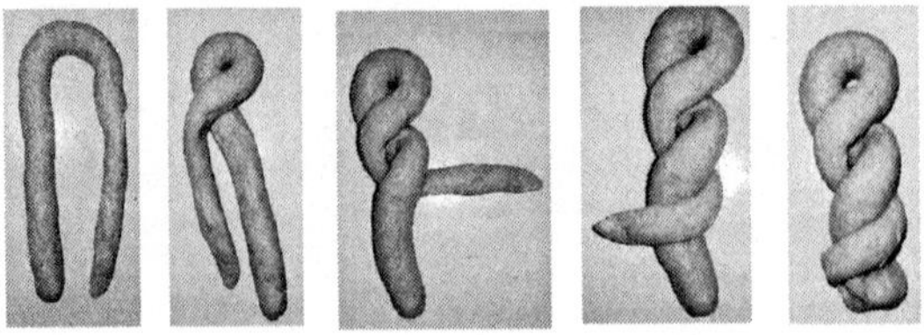
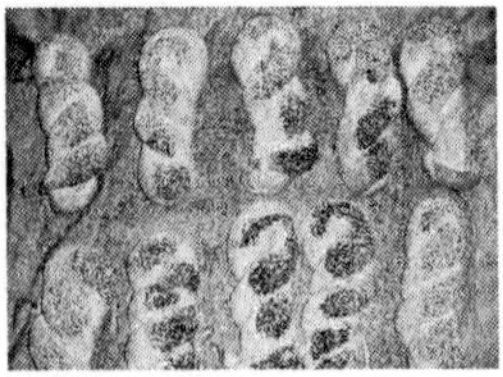

Mürbe Kamuthörnchen

- 190 g Butter
- 200 g Kamut
- 200 g Schmand
- 1 gestrichener Teelöffel Salz

**Die Butter ein paar Stunden bei Raumtemperatur weich werden lassen.
Kamut fein mahlen.
Alle Zutaten mit dem Handrührgerät gut verrühren.
Eine halbe Stunde ruhen lassen.**

Teig zu Platte ausformen	Auf einer gut bemehlten Fläche (immer wieder nachmehlen) den Teig mit bemehlten Händen zu einer Platte drücken und auf ein Brett legen.
45 Min gehen lassen	Brett mit Teigplatte in eine Plastiktüte stecken und 45 Min warm stellen (z.B. vor die Heizung).
Teig in Portionen schneiden und Röllchen formen	In Stücke schneiden (je nach Wunsch 10 bis 16 Portionen), immer wieder bemehlen. Mit den Händen Kugeln formen, diese dann zu Röllchen mit verjüngten Enden rollen.
10 Minuten ruhen lassen	In Hörnchenform nebeneinander auf ein Backblech legen, 10 Minuten ruhen lassen.
Dabei vorheizen auf 175 °C	Ofen 10 Minuten auf 175 °C (Umluft) vorheizen.
Backzeit: 20 Min **Temperatur: 175 °C**	20 Minuten backen, Klopfprobe machen und auf einem Kuchengitter auskühlen lassen.

Anmerkung:
Ergibt 10-16 Hörnchen; Teigführung: 2 x; vegan: nein
Der Teig ist ein bisschen wie Plunder- oder Blätterteig. Die Hörnchen sind sehr mürbe / brüchig. Eventuell würde ich bei einem nächsten Mal mehr Kamut nehmen.

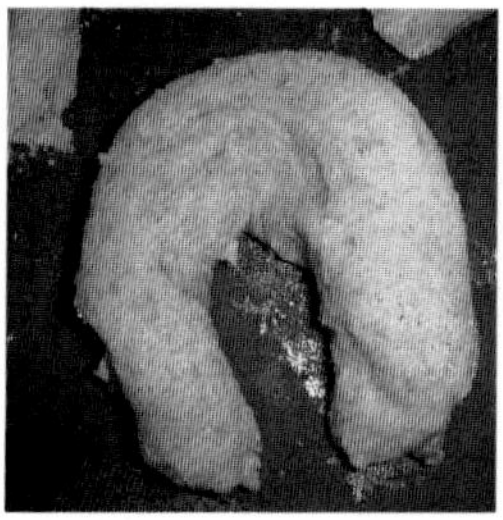

Peppige Mehrkornknoten

- 1 Würfel Hefe (42 g)
- 500 ml Wasser
- 450 g Sechskorngetreide
- 400 g Dinkel
- 15 g Salz
- 2 gehäufte Esslöffel Paprika edelsüß
- 30 g Chiliöl (oder 30 g Öl und eine Prise Chili)

Hefe auflösen
Hefe in etwa 100 ml Wasser auflösen.

Getreide mahlen
Getreide mischen und fein mahlen.

Vorteig herstellen
In die Mitte eine tiefe Mulde drücken, Hefewasser hineingießen und verrühren, sodass sich ein Brei in der Mitte ergibt (= Vorteig).

15 Min gehen lassen
In eine Plastiktüte stecken und 15 Minuten an einem warmen Ort ruhen lassen.

20 Min alle Zutaten verkneten
Salz, Paprika und Öl mischen. Diese Mischung oben auf das Mehl am Rand der Schüssel gießen. Den Großteil des restlichen Wassers hinzugießen. Erst mit einem Teigschaber vermischen, dann mit der Hand kneten (mit der zusammengeballten Faust am Rand entlang drücken, mit der anderen Hand die Schüssel drehen; ab und zu den Teig in der Mitte zusammenklappen). Das restliche Wasser einarbeiten, bis der Teig geschmeidig ist und nicht mehr am Schüsselrand klebt. Nach 10 Minuten auf eine glatte Fläche legen, zu einem Rechteck auseinander drücken. Die Seiten nach innen klappen, wieder auseinander drücken usw. Nach 10 Minuten zu einer Kugel formen, in die Schüssel geben.

60 Min gehen lassen
Mit Wasser besprühen und in der Plastiktüte, bedeckt mit einem Küchenhandtuch, an einen warmen Ort stellen. 60 Minuten gehen lassen. Der Teig hat sich nun verdoppelt.

Gut durchkneten
Nochmals mit der Faust in der Schüssel gut durchkneten.

Portionen zu 90 g abwiegen
Portionen von 90 g abwiegen. Jede Portion in der Hand gut durchkneten.

Zu Strängen formen und Knoten bilden

Zu einer Wurst formen, etwas ruhen lassen, und dann zu einem ca. 40 cm langen Strang rollen (der Teig ist besser dehnbar, wenn er zwischendurch ein paar Sekunden ruht). Aus dem Strang einen Knoten ziehen, die beiden Enden oben andrücken. Nebeneinander auf ein mit Backfolie ausgelegtes Backblech legen (ergibt 2 Bleche).

20 Min gehen lassen

Gut einsprühen, in eine große Plastiktüte stecken und 20 Minuten gehen lassen.

Davon 10 Min vorheizen auf 225 °C

In den letzten 10 Minuten den Ofen auf 225 °C (Umluft) vorheizen, dabei eine feuerfeste Form auf den Ofenboden setzen, mit kochendem Wasser füllen.

Backzeit: 17 Minuten
Temperatur:
12 Min: 225 °C
5 Min: 200 °C

Die Knoten nochmals besprühen und die Bleche einschieben (wer keinen Umluftofen hat, backt nacheinander). 12 Minuten bei 225 °C backen. Dann auf 200 °C stellen, die Bleche in der Position tauschen und nochmals 5 Minuten backen (= insgesamt 17 Minuten). Die Brötchen sind goldgelb und klingen hohl, wenn man gegen die Unterseite klopft.

Nach dem Backen die Knoten noch heiß mit Wasser einsprühen und auf einem Kuchengitter abkühlen lassen.

Anmerkung:
Ergibt 17 Knoten; Teigführung: 3 x; vegan: ja

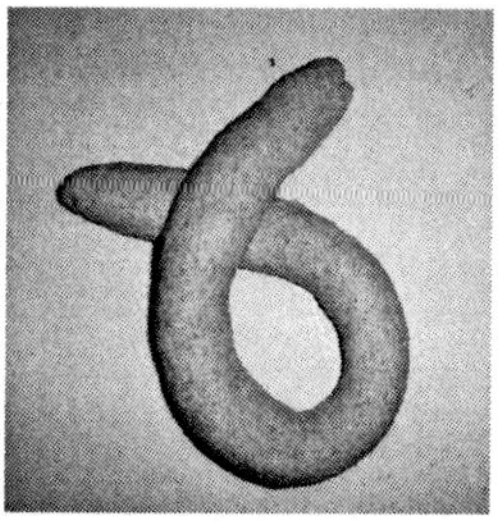
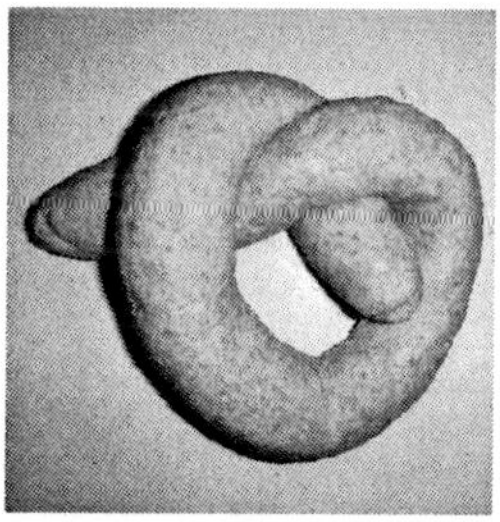
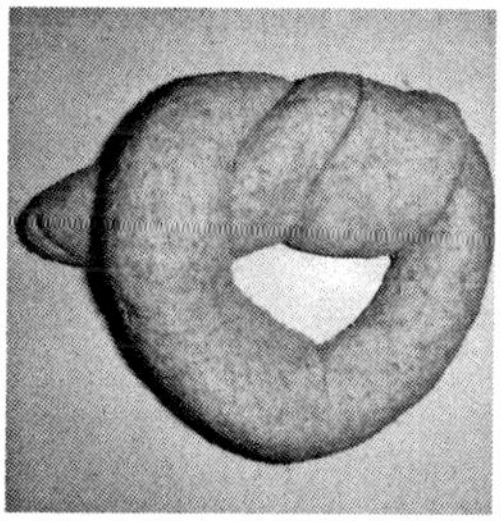

Salzbrezel

- 1 Würfel Hefe (42 g)
- 150 ml Wasser
- 100 g Amaranth
- 400 g Dinkel
- 1 Teelöffel Salz
- 1 Esslöffel Essig
- 1 Esslöffel Sonnenblumenöl
- 150 ml Sahne
- 3-4 Teelöffel grobes Salz (zum Bestreuen)

Hefe auflösen	Hefe in das Wasser bröseln und verrühren.
Getreide mahlen	Getreide fein mahlen (Amaranth in einer Stahlmühle) und mit dem Salz mischen.
Teigzutaten verkneten (maschinell)	Alle Zutaten zu einem Teig verkneten (z.B. im Thermomix 3 Minuten auf der Teigstufe). In eine Schüssel geben, mit Wasser glatt streichen und etwas Mehl bestreuen.
90 Min gehen lassen	In eine Plastiktüte packen und 90 Minuten gehen lassen. Der Teig hat sich jetzt verdoppelt.
Gut durchkneten	Den Teig auf einer glatten Fläche nochmals sehr gut durchkneten, sodass viel Luft in den Teig kommt (immer wieder „überfalten").
70 g Portionen zu Rollen formen	In Portionen zu 70 g einteilen. Jedes Teigstück zwischen den Händen fest kneten und zu einer Rolle von ca. 50-55 cm formen.
Brezel formen	Zu einem Brezel formen (siehe rechts) und auf ein mit Backfolie ausgelegtes Blech legen. Gut mit Wasser besprühen, einige Salzstücke auf jeden Brezel streuen und festdrücken.
30 Min gehen lassen	30 Minuten gehen lassen (die Brezel sind nun deutlich größer)
Backzeit: 20 Minuten Temperatur: 220 °C	In den kalten Ofen schieben. 20 Minuten bei 220 °C (Umluft) backen. Klopfprobe machen. Noch heiß mit Wasser besprühen und auf einem Kuchengitter abkühlen lassen.

Anmerkung: Ergibt 12 Brezel; Teigführung: 2 x; vegan: nein

Vegan: 150 ml Sahne ersetzen durch 40 ml Öl und 110 ml Wasser

Sesamkränzchen

- 150 g Hartweizen
- 25 g Kamut
- 25 g Einkorn
- 400 g Dinkel
- 1 Würfel Hefe
- 100 g saure Sahne
- 175 g lauwarmes Wasser
- 1 Teelöffel Salz
- 3 Esslöffel Öl
- 1/2 Teelöffel Honig

- 3-4 Esslöffel ungeschälter Sesam (zum Bestreuen)

Getreide mahlen	Getreide mischen und in der Getreidemühle fein mahlen.
Hefe auflösen	Saure Sahne und Hefe in dem warmen Wasser verrühren, bis sich die Hefe gelöst hat.
15 Min gehen lassen	Etwa 15 Minuten stehen lassen.
Mehl sieben	In der Zwischenzeit das Mehl durch ein normales Nylonhaushaltssieb sieben. Die übrig gebliebenen groben Stückchen nochmals in die Getreidemühle geben, mahlen und mit dem Salz zum Restmehl kippen.
Teigzutaten maschinell verkneten	Alle Zutaten maschinell verkneten, zum Beispiel in den Thermomix geben, die Hefeflüssigkeit unten, dann das Mehl, dann den Rest. 4 Minuten auf Teigeinstellung kneten lassen. Der Teig ist jetzt etwas klebrig, aber formbar, also nicht fest und trocken.
30 Min gehen lassen	In einer Schüssel, eingepackt in eine Plastiktüte, 30 Minuten gehen lassen. Der Teig hat sich jetzt deutlich vergrößert.
Teig in 9 Portionen teilen	Eine Schale Wasser bereit stellen. Den Teig auf einer glatten Fläche mit den immer wieder in Wasser getauchten Händen nochmals gut durchkneten und in 9 Portionen teilen.
Teller mit Wasser und Sesam bereit stellen	Einen tiefen Teller mit Wasser füllen, einen Dessertteller dicht mit Sesam bestreuen.

Kränze formen	Jede Portion (Hände ab und zu anfeuchten) gut durchkneten und zu einem kleinen Fladen, Höhe 2 cm, formen, Mit dem Finger ein Loch in die Mitte bohren, dies ausweiten, dabei versuchen, dass der Rest nicht zu ungleichmäßig wird.
Kränze mit Sesam bedecken	Die Kränze in Wasser tauchen, dann sofort auf den Sesam drücken.
35-40 Min gehen lassen	Mit dem Sesam nach oben nebeneinander auf ein mit Dauerbackfolie ausgelegtes Backblech legen. Das Backblech in einen großen Plastiksack stecken und warm stellen (z.B. vor die Heizung); 35-40 Minuten gehen lassen
10 Min Vorheizen auf 210 °C	In den letzten 10 Minuten den Ofen auf 210 °C (Umluft) vorheizen.
Backzeit: 20 Minuten Temperatur: 210 °C	Mit Wasser besprühen, 20 Minuten bei 210 °C backen. Eventuell dunkel gewordene Kränzchen früher herausnehmen. Klopfprobe machen. Noch heiß mit Wasser besprühen. Auf einem Kuchengitter auskühlen lassen.

Anmerkung:
Ergibt 9 Kränzchen; Teigführung: 3 x; vegan: nein

Wasserzöpfchen

- 100 g Sonnenblumenkerne
- 140 g Dinkel
- 360 g Weizen
- 2 gestrichener Teelöffel Salz
- 1 Päckchen Trockenhefe (entspricht 1/2 Würfel Hefe)
- 250 g Wasser
- 3 Esslöffel Rapskernöl
- 20-25 g Wasser
- 1/2 Tasse Wasser
- 1 Esslöffel Salz

Sonnenblumenkerne mahlen
Sonnenblumenkerne fein mahlen (z.B. im Thermomix, 30 Sek. auf Stufe 10).

Getreide mahlen
Getreide in der Getreidemühle fein mahlen; mit Salz und Hefe mischen

Teigzutaten maschinell verkneten
Herstellung im Thermomix: Mehl, 250 g Wasser und Öl zu den Kernen geben und kneten (2 Minuten auf Teigeinstellung); wahlweise in der Küchenmaschine / mit dem Handrührgerät herstellen.

Mit der Hand etwas Wasser einkneten
Auf einer glatten Fläche mit der Hand noch 5-10 Minuten weiterkneten, dabei noch etwas Wasser einarbeiten.

90 Min gehen lassen
Teigkugel formen, in eine Schüssel legen, mit Wasser einsprühen und in eine Plastiktüte stecken. An einem warmen Ort 90 Minuten gehen lassen. Der Teig hat sich dann merklich vergrößert.

Stücke von 60 g zu Strängen formen
Noch einmal kräftig durchkneten. Stücke von 60 g abwiegen. Jeweils zu etwa 40 cm langen Strängen ausrollen (in 2 oder 3 Schüben, damit der Teig sich zwischendurch etwas „erholen“ kann).

Teigzöpfe flechten
Zöpfe formen: Ein Drittel eines Stranges abschneiden, aus dem Rest ein U formen. Das abgeschnittene Teil längs auf den U-Bogen legen, mit dem Bogen zusammendrücken und einen kleinen Zopf flechten. Die Stücke unten zusammenpressen und unter den Zopf drücken.

60 Min gehen lassen
Nebeneinander auf zwei mit Backpapier ausgelegte Backbleche legen. Einsprühen, in eine große Plastiktüte geben und 1 Stunde gehen lassen.

Zöpfchen mit Salzwasser bepinseln

Den Esslöffel Salz in der halben Tasse Wasser auflösen. Zöpfchen damit einpinseln.

Backzeit: 20 Minuten
Temperatur: 200 °C

Ofen kurz anheizen, auf 200 °C (Umluft) einstellen, nach wenigen Minuten die Bleche einschieben. Etwa 20 Minuten backen, beim Klopfen gegen die Unterseite müssen die Zöpfchen hohl klingen.

Erneut mit Salzwasser bepinseln

Noch heiß erneut mit Salzwasser einpinseln und auf einem Kuchengitter auskühlen lassen.

Anmerkung:
Ergibt 15 Zöpfchen; Teigführung: 2 x; vegan: ja

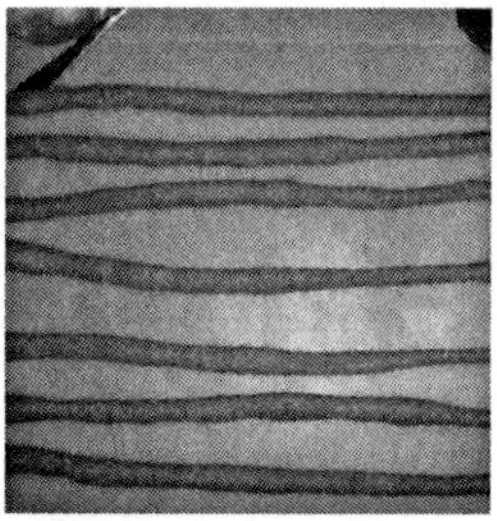
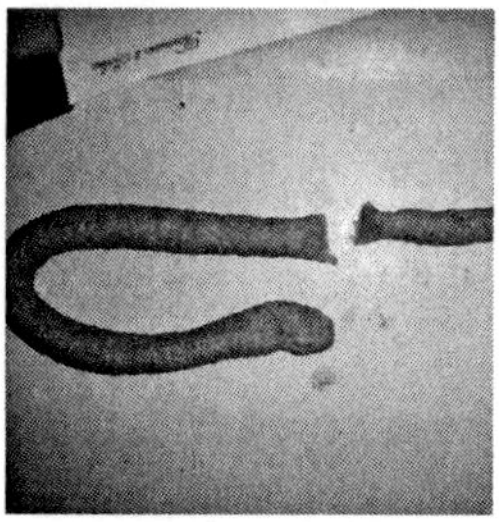
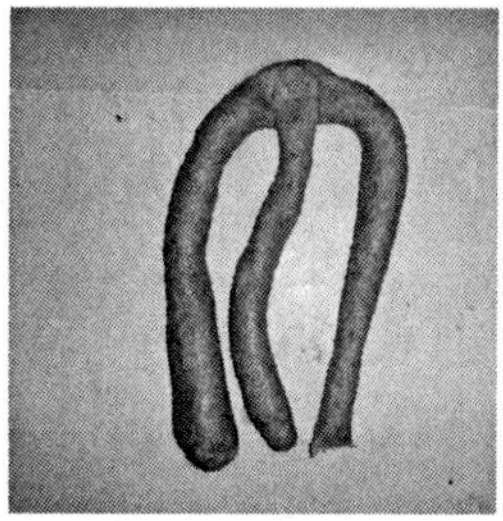
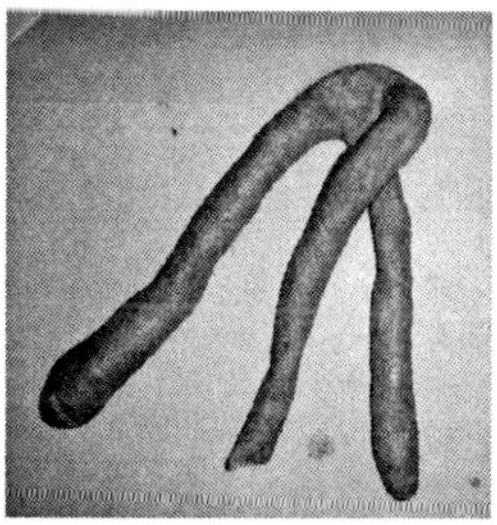
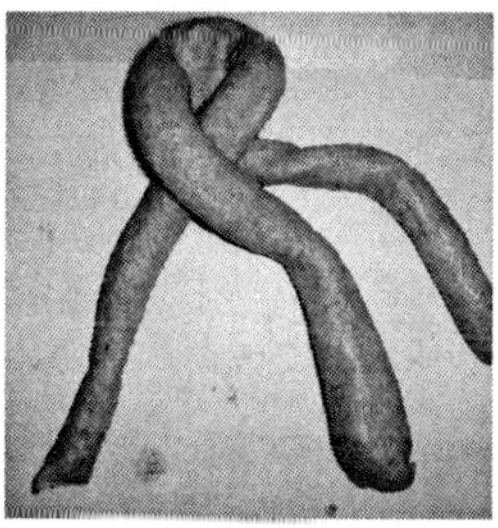
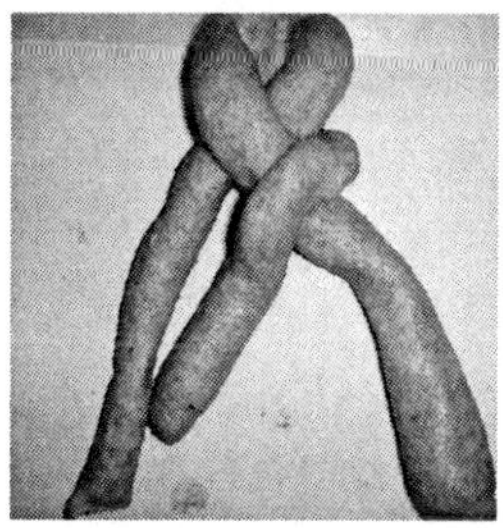
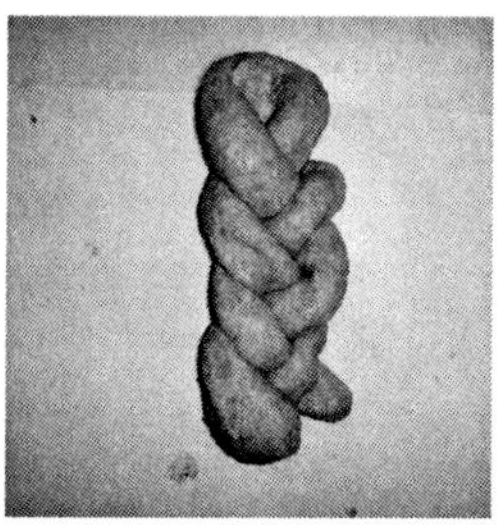
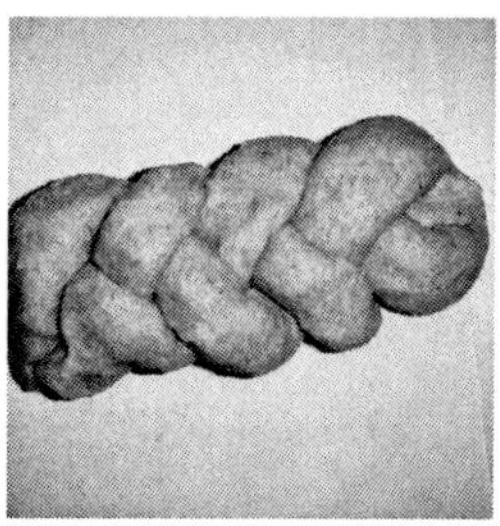

Mandelmus

- 500 g Mandeln, ungeschält und unbehandelt

Im Thermomix zubereitet. Mixer müsste auch gehen.

Mandeln ungeschält auf Stufe 6 etwa 5 Minuten zerkleinern lassen. Dabei ganz vorsichtig die Masse, die sich am Rand hochdrückt, lösen. Dann den Thermomix öffnen, eine Weile abkühlen lassen, den Rand lösen und im Minuten / Zweiminuten-Rhythmus immer wieder auf Stufe 6 mahlen lassen und die Reste herunterdrücken.

Es dauert ziemlich lange (ca. 15 Minuten Rührzeit plus Pausen), dann ergibt sich ein sehr schönes feines Mus. Achtung, die Masse ist heiß! (Thermomix zeigt 80 °C an.) Ein leeres Honigglas mit kochendem Wasser ausspülen, Mus hineingeben und fest verschließen.

Haltbarkeit im Kühlschrank mindestens 3 Wochen.

Für Rohkostqualität:

Mandeln 1 Minute auf Einstellung 10 mahlen. Warten, bis der Thermomix wieder ganz abgekühlt ist (z.B. eine halbe Stunde in kaltes Wasser stellen). Diesen Vorgang 6 bis 8-mal wiederholen, eventuell auch nur eine halbe Minute mahlen. Wenn der Thermomix 37 °C anzeigt, sofort pausieren und kühlen!

Honigmarzipan

- 200 g Mandeln
- 100 g Honig
- (nach Geschmack: 1 Teelöffel Rosenwasser; 4-8 bittere Mandeln)

Das einfachste Honigmarzipan geht so: Ungeschälte Mandeln ganz fein mahlen und mit dem Honig verkneten.

Variante 1:
Zusätzlich noch Rosenwasser mit verkneten.

Variante 2:
Zu den Mandeln 4-8 bittere Mandeln geben.

Variante 3:
Mandeln vor dem Mahlen kurze Zeit in kochendes Wasser legen, auskühlen lassen und aus der Schale drücken. Gut trocknen lassen. Dann fein mahlen, mit Honig und Rosenwasser verkneten.

Der Honiganteil kann natürlich je nach Süßigkeitenvorliebe höher oder niedriger gewählt werden.

Süße Brötchen

Anis-Apfel-Brötchen: mit Trockenfrüchten

Feine Kokosbrötchen: mit Einkorn und Äpfeln

Gewürzte Scones: mit Backpulver und Gewürz

Herb-süße Hefeschnecken: mit Sauerteig

Marzipanbrötchen: Füllung und Muskat

Orangenbrötchen: mit Safran

Reichhaltige Emmerbrötchen: mit Muskat

Rich Scones: mit Marzipan und Sahne

Rosinenbrötchen: mit Gerste

Rosinenbrötchen mit Glanzhaube

Safranhörnchen mit Marzipanfüllung

Anmerkung:
Keines der süßen Brötchen ist im Original vegan. Für vegane Varianten siehe S. 140.

Anis-Apfel-Brötchen

- 1/2 Würfel Hefe (21 g)
- 100 g Wasser
- 250 g Dinkel
- 250 g Weizen
- 2 Teelöffel Anis, ungemahlen
- 1 Teelöffel Salz
- 1 Esslöffel Honig (50 g)
- 50 g Butter
- 150 g Schmand (oder Creme fraiche)
- 70 g Wasser
- 200 g Trockenfrüchte, zum Beispiel: 100 g Datteln; 60 g Feigen; 40 g Rosinen
- 2 kleine Äpfel (200 g)

Hefe in 100 g Wasser auflösen
Dinkel, Weizen und Anis mischen und fein mahlen.

Vorteig herstellen; 15 Min gehen lassen

Hefewasser mit 4-5 Esslöffel Mehl zu einem Brei verrühren (= Vorteig) und in eine Plastiktüte eingepackt 15 Minuten gehen lassen.

Die Zutaten (ohne Früchte) gründlich verkneten; insgesamt 20-25 Min

Mehl mit Salz, Honig, Butter und Schmand verkneten. Dann den Vorteig hinzugeben und ebenfalls unterkneten. Die restlichen 70 g Wasser ganz allmählich über 15 Min unterkneten: Hand befeuchten, Faust machen und am Rand den Teig herunterdrücken, dabei mit der anderen Hand die Schüssel langsam drehen. Nach 10 Minuten noch auf dem Tisch kneten: Teig zu einem Rechteck drücken, alle vier Seiten nach innen schlagen, um 90 Grad drehen und wieder auseinanderdrücken. Der Teig haftet nicht an glatten Flächen, und auch nicht an der Hand.

30 Min gehen lassen

Zu einer Kugel formen, die Schüssel in einer Plastiktüte an einem warmen Ort 30 Minuten gehen lassen. Der Teig hat sich dann merklich vergrößert.

Früchte einkneten

Feigen und Datteln kleinschneiden, Äpfel ebenfalls (nicht schälen). Feigen, Datteln, Rosinen und Äpfel gut vermischen. Auf den Teig kippen und allmählich unterkneten (etwa 5 Minuten).

90 g Brötchen abwiegen	Mit einem Esslöffel 90 g Stücke abstechen, in leicht feuchten Händen zu Kugeln formen. Auf zwei mit Dauerbackfolie ausgelegte Backbleche verteilen. Gut mit Wasser einsprühen.
30 Min gehen lassen	Beide Bleche jeweils in eine große Plastiktüte stecken und 30 Minuten gehen lassen.
Backzeit: 22-27 Min Temperatur: 200 °C	Ofen auf 200 °C (Umluft) vorheizen. 15 Minuten backen, dann die Position der Bleche tauschen. Nochmals 7 Minuten backen. Klopfprobe machen, hohl klingende Brötchen auf ein Kuchengitter legen und mit Wasser besprühen. Die anderen Brötchen im ausgeschalteten Ofen noch 5 Minuten nachbacken lassen

Anmerkung: Ergibt 14 Brötchen; Teigführung: 3 x; vegan: nein

- Vegan: 50 g Honig ersetzen mit 3-4 pürierten Datteln; 150 g Schmand ersetzen mit 50 g Mandelmus (s. S. 122) und 100 g Wasser

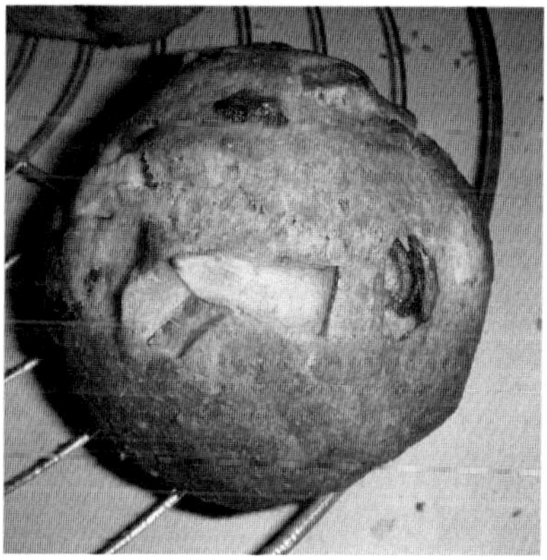

Feine Kokosbrötchen

- 200 g Wasser
- 10 g frische Hefe
- 100 g Einkorn
- 100 g Hartweizen
- 175 g Dinkel
- 1 Prise Salz
- 100 g Kokosflocken
- 2 kleine Äpfel (165 g)
- 30 g weiche Butter
- 20 g Honig (1 guter Teelöffel)

Wasser in eine Schüssel geben. Hefe einbröckeln und verrühren. Getreide mischen und fein mahlen, mit dem Salz verrühren.

Vorteig herstellen; 45 Min gehen lassen	Die Hälfte des Mehls zu dem Hefewasser geben. Verrühren (= Vorteig), Schüssel in eine Plastiktüte stecken, warm stellen und 45 Minuten gehen lassen.
Kokosflocken mahlen; Äpfel reiben	Kokosflocken pulverfein mahlen (z.B. im Thermomix), Äpfel reiben.
Alle Zutaten ca. 10-15 Min verkneten	Restliche Zutaten zum Hefevorteig geben. Erst mit einem Löffel, dann mit den Händen 10 Minuten gut durchkneten. Der Teig ist sehr weich.
45 Min gehen lassen	Eine Teigkugel formen, die Schüssel mit dem Teig in eine Plastiktüte stecken. 45 Min gehen lassen.
Nochmals kneten 70 g Brötchen abwiegen Einschneiden	Den Teig nochmals kräftig durchkneten. Stücke von 70 g abwiegen. Mit bemehlten Händen zu länglichen kleinen Broten formen. Die „Brote" nebeneinander auf ein mit Backpapier ausgelegtes Backblech legen, jeweils 2 mal mit einem scharfen Messer quer einschneiden. Mit Wasser besprühen
20 Min gehen lassen, dabei Ofen auf 220 °C vorheizen	Blech in einer Plastiktüte etwa 20 Min gehen lassen. In dieser Zeit den Ofen auf 220 °C (Umluft) vorheizen, eine Schale mit Wasser auf den Boden des Ofens stellen.
Backzeit: 20 Minuten Temperatur: 220 °C	Auf die mittlere Leiste einschieben. Etwa 20 Min backen, Klopfprobe machen. Mit Wasser besprühen; auf einem Kuchengitter auskühlen lassen.

Anmerkung: Ergibt 12 Brötchen; Teigführung: 3 x; vegan: nein

Gewürzte Scones

- 250 g Weizen
- 250 g Dinkel
- 1 1/2 Teelöffel Salz
- 1/2 Teelöffel Zimt
- 1/2 Teelöffel gemahlener Ingwer
- 1/2 Teelöffel gem. Orangenschale
- 1/2 Teelöffel gemahlene Vanille
- 1 Päckchen Weinstein-Backpulver

- 65 g Butter
- 200 ml Wasser
  (oder z.B. Einweichwasser von Trockenfrüchten auf 200 ml auffüllen)
- 100 ml Sahne
- 1 Esslöffel Honig (50 g)

- 40 g Haselnüsse
- 40 g Rosinen

Getreide mahlen	Getreide mischen und in der Getreidemühle fein mahlen.
Zutaten mit der Hand verkneten	Mit Salz, Gewürzen und Backpulver mischen. Mit der Hand Butter, Flüssigkeiten und Honig gut einkneten. Sobald der Teig eine glatte Konsistenz hat, grob gehackte Haselnüsse und Rosinen einarbeiten
15 Min ruhen lassen	Die Schüssel 10-15 Minuten stehen lassen.
Vorheizen auf 200 °C	Ein Backblech mit Backpapier auslegen, den Backofen auf 200 °C vorheizen.
50 g Portionen abwiegen	Vom Teig 50 g Portionen abnehmen (abwiegen), zu Kugeln formen und in Silikon-Muffinförmchen legen. Die Förmchen auf das Backblech stellen. Gut mit Wasser besprühen.
Backzeit: 15-20 Min **Temperatur: 200 °C** **Nachbacken: 5 Min**	Auf die mittlere Leiste einschieben und 15-20 Min bei 200 °C (Umluft) backen. Die Scones sind dann goldgelb. Stäbchenprobe machen: An einem Holzstäbchen, das in die Scones gesteckt wird, darf kein Teig hängen bleiben. Ofen ausschalten und noch 5 Min nachbacken. Noch heiß besprühen und auf einem Kuchengitter auskühlen lassen.

Anmerkung: Ergibt 20 Scones; Teigführung: 1 x; vegan: nein

Herb-süße Hefeschnecken

- 60 g Sauerteig (siehe Seite 38)
- 30 g frische Hefe
- 125 g Wasser
- 400 g Dinkel
- 200 g Weizen
- 150 g Einkorn
- 1 geh. Teelöffel Zitronenschale (s. S. 70)
- 1 gestrichener Teelöffel Salz
- 50 ml Sonnenblumenöl
- 75 g Schmand
- 125 g Honig
- 125 g Wasser

Am Vorabend den Sauerteig so auffüttern, dass zum Backen 60 g zur Verfügung stehen.
Hefe in 125 g Wasser auflösen.
Getreide mischen und mahlen.

Vorteig herstellen; 15 Min gehen lassen

Hefewasser mit 4-5 Esslöffel Mehl vermischen (= Vorteig) und 15 Minuten lang gut mit Plastikfolie abgedeckt gehen lassen.

Alle Zutaten 20 Min verkneten

In einer großen Schüssel Mehl mit Zitronenschale und Salz mischen. Sauerteig, Vorteig, Öl, Schmand und Honig hinzugeben, mit einer Teigkarte vermengen. Die 125 g Wasser bis auf ca. 50 g ebenfalls hinzugeben und mit der Teigkarte vermischen. Dann in der Schüssel 20 Minuten lang kneten (mit der einen Faust den Teig niederdrücken, mit der anderen Hand die Schüssel drehen), dabei das restliche Wasser einarbeiten. Eventuell die Knethand noch 3 x anfeuchten, wenn das Kneten zu anstrengend wird. Die Schüssel sieht dann nahezu sauber aus.

90 Min gehen lassen

Den Teig zu einer Kugel formen, mit der nassen Hand bestreichen. In eine Plastiktüte stecken und mit einem Tuch abgedeckt auf einer Fensterbank 90 Minuten gehen lassen, bis sich der Teig etwa verdoppelt hat.

Portionen zu 90 g abwiegen

Zwei Backbleche mit Backpapier auslegen. Die Schnecken gehen stark, also in gutem Abstand voneinander legen. Den Teig erneut 10 Minuten durchkneten und in Portionen von 90 g aufteilen (bei mir gab es am Ende eine Portion von 50 g).

Schnecken formen

Eine Portion in der Hand gut verkneten, eine Wurst etwa in Handlänge rollen, mit einer zweiten Portion genauso verfahren. Dann die erste Teig"wurst" nehmen und zu einem etwa 40 cm langen Strang rollen, dabei sollte eine Seite spitz zulaufen. Durch dieses kurze Ruhen nach dem Rollen wird der Teig dehnfähiger. Aus dem Strang eine Schnecke formen (anfangen mit dem dicken Ende) und auf das mit Backpapier ausgelegte Backblech legen.

6 Stunden gehen lassen

Mit Wasser einsprühen. Die Bleche jeweils in eine große Plastiktüte schieben und mindestens 6 Stunden gehen lassen. Je länger der Teig geht, umso großporiger wird das Gebäck.

10 Min auf 200 °C vorheizen

Den Ofen 10 Minuten auf 200 °C (Umluft) vorheizen, eine feuerfeste Schale mit kochendem Wasser auf den Boden setzen.

Backzeit: 10 Minuten Temperatur: 200 °C

Brötchen nochmals einsprühen, und auf der mittleren Schiene 10 Min backen. Klopfprobe! Dann die frisch gebackenen Brötchen nochmals einsprühen und auf einem Kuchengitter abkühlen lassen.

Anmerkung: Ergibt 15 Schnecken; Teigführung: 3 x; vegan: nein

Die Schnecken müssen lange gehen! (Das letzte Gehen ist auch über Nacht möglich – besser zu lang als zu kurz.)

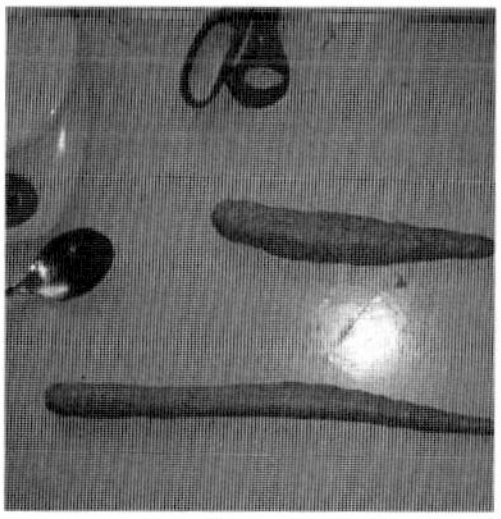
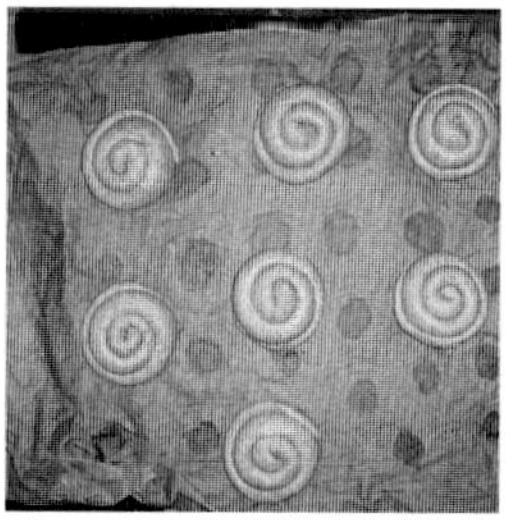

Marzipanbrötchen

- 220 g lauwarmes Wasser
- 80 g Sahne
- 1 Würfel Hefe
- 250 g Dinkel
- 170 g Einkorn
- 80 g Weizen
- 1 Teelöffel gem. Ingwer
- 1 Teelöffel gem. Muskat
- 1 Teelöffel Salz
- 1 Teelöffel Orangenschale
- 2 Teelöffel Honig
- 3 Esslöffel Öl
- 200 g Sultaninen
- 150 g Honigmarzipan (gekauft oder Seite 122)

Wasser und Sahne mischen. Hefe in der Hälfte der Flüssigkeit auflösen. Getreide mischen und mahlen.

Vorteig herstellen; 30 Min gehen lassen

Hefewasser mit 7 Esslöffel Mehl vermischen (= Vorteig) und 30 Minuten lang gut mit Plastik abgedeckt gehen lassen.

Zutaten (ohne Sultaninen und Marzipan) 20 Min mit der Hand kneten

Mehl mit Gewürzen und Salz mischen. Vorteig, Öl und Honig hinzugeben, mit einer Teigkarte vermengen. Flüssigkeit bis auf 50 g hinzugeben und mit der Teigkarte vermischen, bis sich fast ein elastischer Teig ergibt und alles Mehl aufgenommen ist. Auf eine glatte Fläche geben und 15 bis 20 Minuten gründlich kneten (Teig zu Rechteck flachdrücken, Seiten in die Mitte schlagen, wieder flachdrücken usw.). Dabei den Rest Flüssigkeit ganz allmählich hinzugeben (Teig bestreichen, einarbeiten, bestreichen, einarbeiten usw.). Der Teig darf nicht an der Hand kleben, sollte aber so weich und elastisch wie möglich sein.

Sultaninen über 5 Min einkneten

Dann ein Rechteck bilden, die Sultaninen darauf verteilen und über 5 Minuten mit der üblichen Knettechnik einarbeiten. Eine Kugel formen, mit der nassen Hand bestreichen, in eine Schüssel legen und in eine Plastiktüte stecken.

40 Min gehen lassen	Mit einem Tuch abgedeckt auf einer Fensterbank 40 Minuten gehen lassen, bis sich der Teig etwa verdoppelt hat.
Durchkneten, 70 g Portionen abwiegen	Nochmals 5 Minuten gut durchkneten. Dann in Portionen zu je 70-72 g aufteilen.
Mit Marzipan (je 10 g) füllen	Das Marzipan in 10 g Stücke schneiden. Jede Portion Teig in der Hand gut durchkneten, eine kleine Platte im Handteller formen. Ein Marzipanstück in die Mitte legen, Teig darüber schließen und gut zusammendrücken. Mit dem Verschluss nach unten auf ein mit Dauerbackfolie ausgelegtes Backblech legen.
Oben einschneiden	Die Oberseite mit der Schere zweimal einschneiden, die Brötchen gut mit Wasser einsprühen.
50 Min gehen lassen	Das Blech in eine große Plastiktüte schieben und 50 Minuten gehen lassen.
In den letzten 10 Min auf 200 °C vorheizen	Eine kleine Schale mit kochendem Wasser auf den Boden des Ofens stellen und 10 Minuten auf 200 °C vorheizen.
Backzeit: ca. 15 Min Temperatur: 175 °C	Blech auf die mittlere Schiene einschieben, Temperatur auf 175 °C (Umluft) stellen. 15 Minuten backen. Klopfprobe! Mit Wasser einsprühen und auf einem Kuchengitter gut auskühlen lassen.

Anmerkung:
Ergibt 15 Brötchen; Teigführung: 3 x; vegan: nein

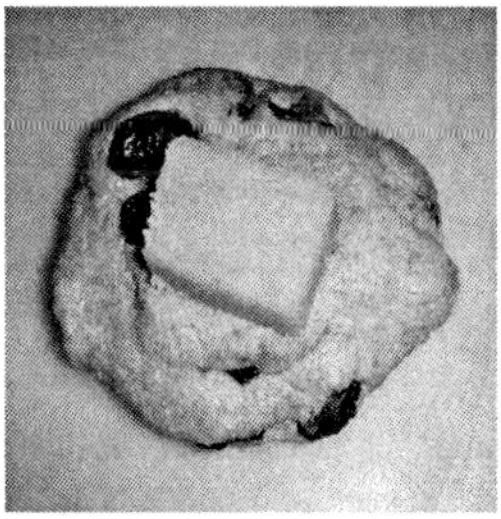
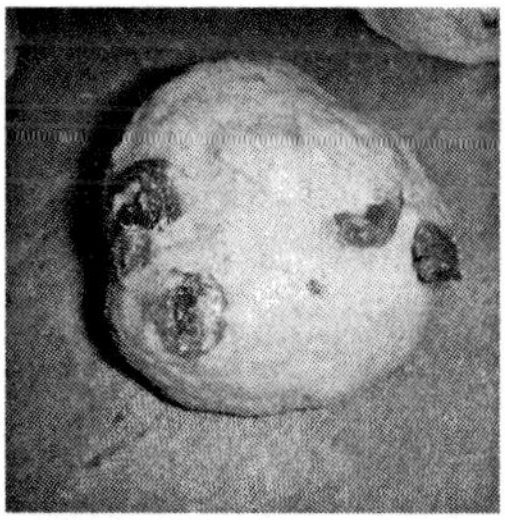
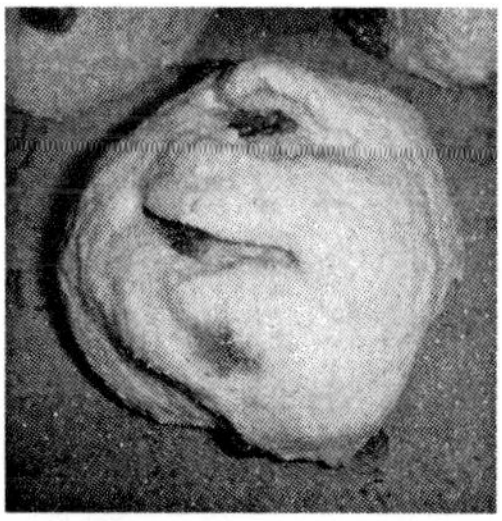

Orangenbrötchen

- 30 g Hefe (3/4 Würfel)
- 1 Teelöffel Honig (10 g)
- 125 g kaltes Wasser
- 350 g Dinkel
- 150 g Weizen
- 1 gestrichener Teelöffel Salz
- 1 Teelöffel Orangenschale (s. S. 70)
- 1 Orange (210 g geschält)
- 1 Esslöffel Honig (40 g)
- 2 Esslöffel Zitronenöl (s. S. 102)
- 60 g Sahne
- 1 x Safran gemahlen (2 g)
- 50 g Orangeat (s. S. 70)

Hefe und Honig in 125 g Wasser auflösen.
Getreide mahlen.

Vorteig herstellen; 15 Min gehen lassen	90 g Mehl mit dem Hefewasser zu einem Brei verrühren (Vorteig) und in eine Plastiktüte eingepackt 15 Minuten gehen lassen.

Restmehl mit Salz und Orangenschale mischen.
Safran in Sahne verrühren.
Orange im Zerkleinerer zermusen (evtl. mit Wasser auf 185 g auffüllen).

Alle Zutaten außer Orangeat 10 Min verkneten	Vorteig, Honig, Öl, Safransahne und Orangensaft zu dem Mehl hinzugeben und gründlich (10 Minuten) unterkneten: Hand zur Faust machen und am Rand den Teig herunterdrücken, dabei mit der anderen Hand die Schüssel langsam drehen.
30 Min gehen lassen	Zu einer Kugel formen, die Schüssel in einer Plastiktüte an einem warmen Ort 30 Min gehen lassen. Der Teig hat sich dann merklich vergrößert.
Orangeat unterkneten 50 g Portionen abwiegen	Orangeat unter den Teig kneten und mit immer wieder angefeuchteten Händen Brötchen von je 50 g (wiegen!) formen.
30 Min gehen lassen In den letzten 10 Min vorheizen auf 200 °C	In Abständen von 3-4 cm auf ein mit Backpapier ausgelegtes Backblech setzen. Gut mit Wasser einsprühen. In eine große Plastiktüte stecken und 15-20 Minuten gehen lassen. Dann den Ofen 10 Min auf 200 °C (Umluft) vorheizen.
Backzeit: 15-20 Min Temperatur: 200 °C	Blech auf die mittlere Schiene einschieben, 15-20 Minuten backen. Klopfprobe machen. Auf einem Kuchengitter noch heiß mit Wasser besprühen.

Anmerkung: Ergibt 18 Brötchen; Teigführung: 3 x; vegan: nein

Reichhaltige Emmerbrötchen

- 350 g Emmer
- 150 g Dinkel
- 1 Esslöffel Sonnenblumenkernöl
- 1 Teelöffel gem. Muskatnuss
- 125 ml Sahne
- 185 ml Wasser
- 2 Esslöffel Honig (ca. 85 g)
- 1 gute Prise Salz
- 1 Würfel Hefe (42 g)
- 1 Esslöffel Sultaninen
- 3 Feigen
- 30 g Sonnenblumenkerne
- 40 g gestiftelte Mandeln

Getreide mahlen

Emmer und Dinkel mischen und in der Getreidemühle fein mahlen.

Zutaten maschinell verkneten, erst ohne Trockenfrüchte

Alle Zutaten bis zur Hefe einschließlich in den Thermomix geben und 3,5 Minuten auf der Einstellung „Teig“ kneten lassen. Nach zwei Minuten durch die Öffnung Sultaninen, kleingeschnittene Feigen, Sonnenblumenkerne und Mandeln hinzugeben.

2 Stunden gehen lassen

Teig in einer Schüssel mit Backpapier abdecken und an einem warmen Ort ca. 2 Stunden gehen lassen.

Portionen zu 70 g abwiegen

In Portionen zu etwa 70 g teilen und diese in der nassen Hand zu länglichen Laibchen formen.

**Einschneiden
30 Min gehen lassen**

Auf ein Backblech mit Backpapier setzen, kreuzweise einschneiden und mit Wasser besprühen, In einen großen Plastiksack geben und nochmals ca. 30 Minuten gehen lassen.

5 Min vorheizen auf 200 °C

In den letzten 5 Minuten den Ofen auf 200 °C (Umluft) vorheizen, die Brötchen gründlich mit Wasser besprühen.

**Backzeit: 15 Min
Temperatur: 190 °C**

15 Minuten bei 190 °C backen. Klopfprobe machen. Mit Wasser besprühen und auf einem Kuchengitter auskühlen lassen.

Anmerkung: Ergibt 15 Brötchen; Teigführung: 2 x; vegan: nein

Rich Scones

- 50 g Hartweizen
- 100 g Einkorn
- 300 g Dinkel
- 50 g Hafer
- 1 gestrichener Teelöffel Salz
- 2 Päckchen Weinstein-Backpulver
- 100 g weiche Butter
- 75 ml Sahne
- 150 ml lauwarmes Wasser
- 1 Teelöffel Honig
- 2 Esslöffel Rosinen
- 2 Esslöffel gestiftelte Mandeln
- 100 g Honigmarzipan (Fertigprodukt oder selbstgemacht, s. Seite 122)

Getreide mischen und in der Getreidemühle fein mahlen.

Zutaten nacheinander verkneten	Mit Salz und Backpulver (gesiebt) mischen. Mit dem Handrührgerät nach und nach Butter, Sahne, Wasser und Honig beimengen. Rosinen und Mandelstifte am besten mit den Händen unter den Teig kneten (das ist einfach, da er nicht klebt).
15 Min ruhen lassen	Die Schüssel 10-15 Minuten stehen lassen.
50 g Portionen abwiegen	Den Teig nochmals durchkneten und auf 50 g Portionen aufteilen (abwiegen!).
Vorheizen: 200 °C	Ein Backblech mit Backpapier auslegen, den Backofen auf 200 °C vorheizen.
Mit Marzipan füllen	Das Marzipan in 18 gleiche Stücke schneiden. In jedes Teigstück ein Stück Marzipan drücken und dann den Teig zwischen den Händen zu einer geschlossenen Kugel formen.
In Muffinförmchen füllen	In Silikon-Muffinförmchen legen. Die Förmchen auf das Backblech stellen. Gut mit Wasser besprühen.
Backzeit: 20 Min **Temperatur:** **10 Min: 220 °C** **10 Min: 175 °C** **Nachbacken: 5 Min**	10 Minuten bei 220 °C (Umluft) backen, dann auf 175 °C stellen und weitere 10 Minuten backen. Ofen ausschalten und noch 5 Minuten nachbacken. Klopfprobe machen. Noch heiß besprühen und auf einem Kuchengitter auskühlen lassen.

Anmerkung: Ergibt 18 Scones; Teigführung: 1 x; vegan: nein

Rosinenbrötchen

- 100 g Gerste
- 400 g Dinkel
- 1 Esslöffel Sonnenblumenkernöl
- 2 gehäufte Teelöffel Zimt
- 1 Messerspitze gemahlene Nelken
- 125 ml Sahne
- 185 ml Wasser
- 2 Esslöffel flüssiger Honig
- 1 gute Prise Salz
- 1 Würfel Hefe (42 g)
- 100 g Sultaninen
- 50 g gestiftelte Mandeln

Getreide mischen und in der Getreidemühle fein mahlen.

Zutaten maschinell verkneten, Trockenfrüchte später zugeben	Alle Zutaten ohne Sultaninen und Mandeln in den Thermomix geben und 3 Minuten auf der Einstellung „Teig" kneten lassen. Nach zwei Minuten durch die Öffnung Sultaninen und Mandeln hinzugeben. (Alternativ: mit der Küchenmaschine)
60 Min gehen lassen	Teig in einer Schüssel mit Backpapier abdecken und an einem warmen Ort 60 Minuten gehen lassen.
Laibchen zu 80 g abwiegen	In Portionen zu etwa 80 g teilen und diese in der nassen Hand zu länglichen Laibchen formen.
Einschneiden 20 Min gehen lassen	Auf ein Backblech mit Backpapier setzen, längs einschneiden und mit etwas Wasser besprühen, in einen großen Plastiksack geben und nochmals ca. 20 Minuten an einem warmen Ort gehen lassen.
5 Min vorheizen: 200 °C	In den letzten 5 Minuten den Ofen auf 200 °C (Umluft) vorheizen
Backzeit: 15 Min Temperatur: 190 °C	Brötchen gründlich mit Wasser besprühen, 15 Min bei 190 °C backen. Klopfprobe. Heiß nochmals mit Wasser besprühen, auf einem Kuchengitter auskühlen lassen.

Anmerkung: Ergibt 12 Brötchen; Teigführung: 2 x; vegan: nein

Rosinenbrötchen mit Glanzhaube

- 1 Würfel Hefe (42 g)
- 150 ml lauwarmes Wasser

- 25 g Leinsamen
- 40 ml kochendes Wasser
- 60 g Butter
- 100 g Honig
- 100 g Kamut
- 100 g Weizen
- 300 g Dinkel
- 1/4 Teelöffel Salz
- 1/2 Teelöffel Zimt
- 1/2 Teelöffel Ingwerpulver
- 1/4 Teelöffel gemahlene Nelken
- 75 ml Sahne
- 150 g Weinbeeren

Zum Bestreichen:
- 2 Esslöffel Sahne
- 1 Teelöffel flüssiger Honig

Hefe in den 150 ml Wasser auflösen.

Leinsamen quellen lassen
Leinsamen möglichst fein mahlen (mit Steinmühle oder Thermomix), mit dem kochenden Wasser verrühren (dadurch entstehen Klebeeigenschaften, die eine Zugabe von Ei überflüssig machen).

Butter und Honig evtl. erwärmen
Wenn Butter und Honig nicht ganz weich sind, unter Erwärmen verflüssigen.

Getreide mischen und fein mahlen.

Vorteig 15 Min gehen lassen
4 Esslöffel des Mehls mit dem Hefewasser verrühren (= Vorteig), den Rest mit Salz und Gewürzen mischen. Vorteig 15 Minuten stehen lassen.

Alle Zutaten maschinell verkneten, Weinbeeren etwas später hinzugeben
Alle Zutaten bis auf die Weinbeeren gut miteinander verkneten (gibt einen geschmeidigen Teig); am Ende der Knetzeit die Weinbeeren hinzufügen (Thermomix: 3 Minuten Teigeinstellung, nach 1,5 Minuten Weinbeeren hinzufügen).

60 Min gehen lassen
In eine Schüssel geben, in Folie einwickeln und 60 Minuten gehen lassen (Teig sollte sich möglichst verdoppelt haben).

Durchkneten

Auf einer glatten Fläche mehrmals gut durchkneten.

Portionen zu 74-76 g abwiegen

Teigstücke von ca. 74-76 g abwiegen und zwischen den Händen zu einer Kugel formen.

25 Min gehen lassen Davon 10 Min Vorheizen auf 200 °C

Nebeneinander auf ein mit Backpapier ausgelegtes Backblech legen, mit Wasser besprühen und in eine große Plastiktüte packen. 25 Minuten gehen lassen, in den letzten 10 Minuten den Ofen auf 200 °C (Umluft) vorheizen.

Brötchen einschneiden; mit Honigsahne bepinseln

Sahne mit Honig verrühren. Brötchen mit einem scharfen Messer oben kreuzweise einschneiden und mit der Honigsahne bepinseln.

Backzeit: 15 Min Temperatur: 175 °C

Eine kleine Schale mit kochendem Wasser auf den Boden stellen und die Brötchen auf die mittlere Schiene einschieben. Temperatur auf 175 °C stellen. Backzeit: ca. 15 Minuten bei 175 °C. Klopfprobe machen und auf einem Kuchengitter auskühlen lassen.

Anmerkung:
Ergibt 14 Brötchen; Teigführung: 3 x; vegan: nein

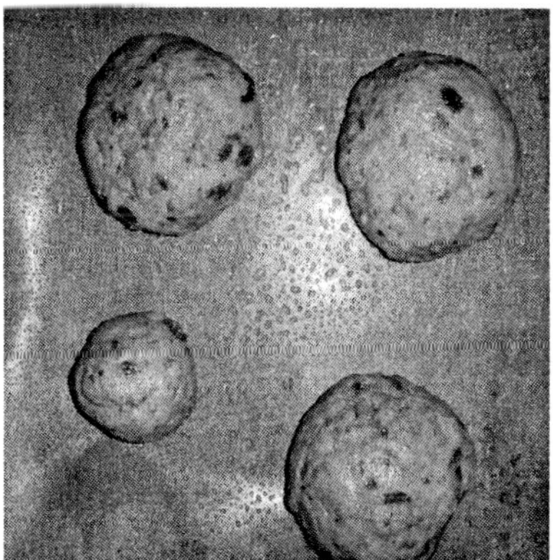

Safranhörnchen mit Marzipanfüllung

- 1 Würfel Hefe (42 g)
- 160 ml Wasser
- 75 ml Sahne
- 2 Tütchen Safran (ganz; 0,2 g)
- 75 g Butter
- 3 Esslöffel Honig (150 g)
- 300 g Dinkel
- 250 g Weizen
- 1 Teelöffel Salz
- 200 g Honigmarzipan (s. S. 122)

Hefe in 100 ml Wasser verrühren.

Getreide mahlen	Dinkel und Weizen mischen und fein mahlen.
Vorteig 15 Min gehen lassen	Hefewasser mit 100 g Mehl zu einem Brei verrühren (= Vorteig) und in Plastik eingepackt 15 Minuten gehen lassen.

Sahne, Safran, Butter und Honig bei leichter Erwärmung lösen (z.B. im Thermomix)

Alle Zutaten maschinell verkneten, mit der Hand 10 Min nachkneten	Salz, restliches Wasser, gegangene Hefe und Mehl hinzufügen und gut verkneten (Thermomix: 2,5 Minuten, Teigeinstellung; Küchenmaschine oder Handrührgerät mit Knethaken). Mit der Hand auf einer glatten Fläche 10 Minuten nachkneten.
60-75 Min gehen lassen	Zu einer Kugel formen, mit Wasser einsprühen und in eine Schüssel geben. Plastiktüte darüber stülpen, mit einem Geschirrtuch abdecken und 60-75 Minuten gehen lassen.
Durchkneten	Nochmals gründlich 5 Minuten durchkneten.
Teig in Dreiecke schneiden	Den Teig halbieren (wiegen). Aus jeder Hälfte einen runden Fladen formen und zu einem Kreis mit einem Durchmesser von 40-50 cm ausrollen. Jeden Kreis mit einem Messer viermal durchschneiden, sodass sich acht „Tortenstücke" ergeben.
Mit Marzipan belegen	Das Marzipan in 16 gleichgroße Stück schneiden, jedes Stück leicht auseinander und plattdrücken und auf die Teigdreiecke, oben am breiteren Ende, legen.

Zu Hörnchen rollen	Von der breiten Seite her zu einem Hörnchen aufrollen.
30 Min gehen lassen	Zwei Backbleche mit Backpapier auslegen. Je 8 Hörnchen auf ein Blech legen und mit Wasser einsprühen. In eine große Plastiktüte stecken (eventuell Grillhölzchen als Abstandshalter in zwei oder drei Hörnchen stecken) und 30 Minuten gehen lassen.
10 Min vorheizen	Ofen 10 Minuten auf 200 °C (Umluft) vorheizen.
Backzeit: 15 Min **Temperatur: 200 °C**	Hörnchen nochmals einsprühen. In einen Umluftofen können beide Bleche gleichzeitig eingeschoben werden. Nach 10 Minuten Backzeit die Bleche tauschen und nochmals 5 Minuten backen. Klopfprobe machen. Brötchen noch heiß einsprühen und auf einem Kuchengitter auskühlen lassen.

Anmerkung: Ergibt 16 Hörnchen; Teigführung: 3 x; vegan: nein

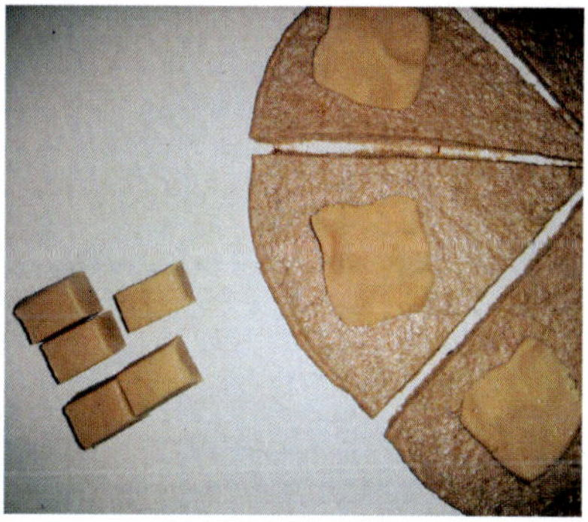

Rein vegane Teige

Wie schon in den einzelnen Rezepten immer wieder angegeben, gibt es verschiedene Möglichkeiten, aus fast allen Rezepten „vegane Rezepte“ zu machen. Wer einmal vegan essen möchte, kann dies – auch mit anderen Rezepten – versuchen und wie folgt ersetzen:

- Honig: gleiche Menge pürierte Datteln. Ich habe auch schon versucht, mit eingeweichten Rosinen zu süßen. Dann aber unbedingt das Einweichwasser mit verwenden (und auf die übrige Flüssigkeitsmenge anrechnen). Kleine Mengen Honig, die nur zur Belebung des Gärvorgangs dienen, können wir auch einfach weglassen, da wir Vollkornmehl verwenden. Im Mehl des vollen Korns sind noch die Stoffe vorhanden, die die Hefe zum Gären braucht. Der Teig braucht dann allenfalls ein paar Minuten länger zum Gehen.
- Milch: Wasser plus ein Esslöffel Öl oder ein Esslöffel Nussmus
- Süße Sahne: ein Viertel bis ein Fünftel der Menge durch Öl ersetzen, den Rest durch Wasser.
- Saure Sahne: ein Viertel durch Mandelmus oder gemahlene Mandeln, den Rest durch Wasser ersetzen.
- Schmand und Creme fraiche: durch Mandelmus oder ein anderes Nussmus ersetzen. Notlösung: 4/5 gemahlene Nüsse, 1/5 Öl.
- Marzipan: Statt Honigmarzipan einfach Dattelmarzipan (s.u.) herstellen.
- Butter: Ersetzen durch etwa die gleiche Menge Öl; evtl. 10 bis 20 % weniger nehmen.

Dattelmarzipan

- 225 g Datteln
- 200 g Haselnüsse oder Mandeln
- 90 g Dinkel

Datteln 2 Stunden in Wasser einweichen. Dann das Wasser abgießen und die Früchte gut abtropfen lassen (ein bisschen ausdrücken).

Haselnüsse bzw. Mandeln fein mahlen, z.B. 1 Minute auf Stufe 10 im Thermomix (sie werden dann handwarm).

Datteln zu den Nüssen geben, mit den Nüssen zerkleinern (z.B. 30 Sekunden im Thermomix auf Stufe 10).

Dinkel mahlen, zu der Dattelmasse geben und verkneten (z.B. 3 Minuten auf der Teigstufe).

Rezeptverzeichnis

Basisrezepte

Literatur

Becker Waltraud. Lust ohne Reue. 5. Auflage 2002 emu-Verlag, ISBN 3891890680 *(vollwertig nach Bruker)*

Bringemeier Martha (Hrsg.). Bäuerliches Backen in Westfalen. 1980 F. Coppenrath Verlag, ISBN 3885471043

Brot, Brötchen und Pikantes selbstgebacken. Sonderausgabe 1991 Trautwein-Edition, ISBN 3817410328

Brot backen: Hausgemachte Spezialitäten. 2004 Otus, ISBN 3907194195

Brot und Kleingebäck: Kreativ Kochen. 2002 Edition Dörfler im Nebel Verlag, ISBN 3895551147

Brotbacken: Brot, Brötchen & Co. – Die besten Rezepte. 2005 compactverlag, ISBN 3817457022

Buser Marianna. Brot und Brötchen selber backen: Leicht wie noch nie. 1998 Midena, ISBN 331000428-7 *(vollwertig)*

Bustorf-Hirsch Maren. Biologisch Backen: Neue Rezeptideen für Kuchen, Brote, Kleingebäck aus vollem Korn. 1984/1988 Falken-Verlag, ISBN 3806841748 *(vollwertig)*

Dam / Kramer. Brotbacken: Vom Vollkornbrot bis zum Salz- und Süßgebäck. 4., erweiterte Auflage 2000 Leopold Stocker Verlag, ISBN 3702008756

Donhauser Rose Marie. Gesunde Brote: Leckere Rezepte für Backofen und Brotbackautomat. 2004 Knaur, ISBN 342666951X

Dungl Willi und Hans Gradwohl. Dungl's Vollwert-Backbach: Brot und Mehlspeisen von echtem Schrot und Korn. 1984 Orac, ISBN 3853689647 *(vollwertig)*

Exner Eva. Biologisch backen: 200 Rezepte für Brot und Gebäck aus vollem Korn. 1984 Heyne-Verlag, ISBN 3453403819 *(vollwertig)*

Gfrerer Gabriele und Cäcilia Höller. Das Kochbuch vom Kamut: Natürlich und gesund genießen. 1999 Südwest Verlag, ISBN 3517060070

Gutjahr Ilse und Erika Richter. Brot backen: Vollkornbrote und Aufstriche aus der eigenen Küche. 2. Auflage 2006 emu-Verlag, ISBN 389189113X *(vollwertig nach Bruker)*

Holzapfel Charlotte. Brot & Brötchen: Toll in Form. 2002 Bassermann, ISBN 380940568X

Huber Roswitha. Das Buch vom Brotbacken: 150 Rezepte und Geschichten aus der Sammlung der bekannten Brotbäckerin. 2005 A&M, ISBN 3-902397-84-5 *(vollwertig)*

Ingram Christine und Jennie Shapter. Brot und Brötchen: über 100 Rezepte aus der ganzen Welt. 1999 Bechtermünz, ISBN 3828910386

Kählau Sabine. Knusprig, frisch und köstlich: über 180 Brote, Brötchen und Brotaufstriche. 2005 Gondrom, ISBN 3811224611

Kauka Mascha. Brot & Brötchen aus der eigenen Backstube. 1997 Weltbild-Verlag, ISBN 3896042432

Kurz Marey. Brot backen: Knusprig-duftende Brot und Brötchen ganz einfach selber machen. 1993 Gräfe und Unzer, ISBN 3774217416

Manz-Backteam. Das Brotbackbuch: Brot, Salzgebäck und Brötchen in allen Variationen. 1000undeins Rezepte, Keine ISBN

Meister Verlag. Mit Rezepten um die Welt: Brot & Brötchen frisch gebacken. Keine Jahresangabe, Meister Verlag GmbH. ISBN 3884770306

Messerli Karin. Brot und Brötchen: Die besten Rezepte. 2. Auflage 2004 AT Verlag, ISBN 385502-7684

Oetker: Brot & Brötchen backen. 2005 Bassermann, ISBN 3809418080

Plattner Krista und Dr. Stephen Sokoloff. Ist es wirklich Vollkornbrot? Das Getreide-Aufklärungsbuch. 1991 Wilhelm Ennsthaler, ISBN 3850683362

Pokorny, Ada. Die Verarbeitung des Getreides zu Brot und Gebäck. 2. Auflage 1980 Arbeitskreis für Ernährungsforschung, ISBN 3922290019 *(vollwertig)*

Rütting Barbara. Mein Kochbuch: Naturgesunde Köstlichkeiten aus aller Welt. 30. Auflage 1998 Goldmann, ISBN 3442108381 *(vollwertig nach Bruker)*

Schmidt Claudia. Brot und Brötchen: Vollwertige Backideen. 2006 Pala, ISBN 3895662216 *(vollwertig)*

Schnitzer Dr. Johann Georg, Backen mit Vollkorn: für Hausfrauen und Hobby-Bäcker. Privately Printed. *(vollwertig)*

Skibbe Petra und Joachim. Backen nach Ayurveda: Brot, Brötchen & Gebäck – vollwertig & individuell. 2001 Pala Verlag, ISBN 389566166X *(vollwertig)*

Stein Frank. Brot backen. 2003 Bassermann, ISBN 3809412082

Voelk Marianne J. Das große Brotbackbuch: Über 200 tolle Rezepte für Brote, Brötchen, Aufstrich und Beläge. 2003 Bassermann, ISBN 3809414840 *(vollwertig)*

Weidinger Gertrud. Brot backen mit und ohne Brotbackautomaten. 4. Auflage 2004 (2003) Weltbild Buchverlag, ISBN 3896049178

Wiener Marie-Theres. Brot, Brötchen und pikante Backspezialitäten. 1995 Buch und Zeit Verlagsgesellschaft, ISBN 3816698042

Wilson Anne. Brote, Brötchen und Gebäck. 1997 Könemann, ISBN 3895084123

Ein Wort über mich

Von Beruf bin ich Fachübersetzerin für Medizin und Pharma. Der Weg dorthin war ähnlich verschlungen wie mein Weg zu einer gesunden Ernährung: Nach dem Abitur habe ich Grafik-Design in Wuppertal studiert, danach Islamwissenschaften in Köln. In meiner Kölner Zeit habe ich in verschiedenen Instituten und Übersetzungsbüros gearbeitet. In diesen Jahren traf ich auch auf Eric Mark Charlton, mit dem ich 1984 die Firma „Charlton & Wilkesmann: Fachübersetzungen Medizin, Pharma, Chemie" gegründet habe. Wir sind bis heute Partner in diesem erfolgreichen Unternehmen.

Früher war ich eine „ganze normale Esserin", Kochen und Backen waren für mich immer schon interessant. Dennoch hatte ich nur wenige Kenntnisse von den Zusammenhängen der Nahrung mit den Zivilisationskrankheiten. Erste Gallenkoliken zwangen mich auch in Bezug auf meine Ernährung zum Nachdenken und brachten mich auf einen erstaunlichen Weg des Erkennens. Den ebneten mir die für mich ebenso revolutionären wie gleichzeitig so logisch nachvollziehbaren Veröffentlichungen von Dr. Max O. Bruker.

Ab Mitte 2004 habe ich Weißmehl und Industriezucker aus meinem Leben gestrichen und einen Brotbackautomaten gekauft. Ein erster wichtiger Schritt! Etwa ein Jahr später habe ich die vitalstoffreiche Vollwertkost nach Bruker konsequent eingeführt: Als Süßungsmittel gibt es nur noch Honig und Trockenobst, ich habe reichlich gesunde Fette in die Ernährung aufgenommen, täglich esse ich Frischkornmüsli mit selbst gemahlenem Getreide, frische Salate, Gemüse aus dem Bioladen oder direkt von einem Bauern.

Was hat sich bei mir geändert durch die neue Ernährung? Ich esse leckerer als je zuvor, von den feinsten Süßigkeiten bis zu den herrlichsten Hauptgerichten, sogar mit sämigen Soßen. Ich bin gesünder und leistungsfähiger denn je, und ich schlafe besser. Nervenstärke und Gelassenheit sind angenehme Begleiterscheinungen gesunder Ernährung. Erkältungen werden zu einer Rarität. Meine Haut ist elastisch und Wunden heilen ganz anders.

Tiereiweißfreie Vollwertkost, bei der Produkte mit zu vernachlässigenden Tiereiweißanteilen wie Butter, Sahne und Schmand erlaubt sind, ist mein heutiger Weg.

Es gibt einige Bücher, die einen wesentlichen Einfluss auf mein Leben hatten:

- Unsere Nahrung, unser Schicksal, Dr. Max O. Bruker
- Wer Diät ißt, wird krank, Dr. Max O. Bruker
- Lust ohne Reue, Waltraud Becker
- Die vitalstoffreiche Vollwertkost nach Dr. M. O. Bruker, Ilse Gutjahr
- Die Billig-Lüge, Franz Kotteder
- Beweglich sein, ein Leben lang, Thomas Hanna
- Alles bio oder was? Der schöne Traum vom natürlichen Essen, Hans-Ulrich Grimm
- Vom Werden des neuens Arztes: Erkenntnisse und Bekenntnisse, M. Bircher-Benner
- Gesünder durch weniger Eiweiß: Tatsachen zur Eiweißfrage, Ralph Bircher

Ich bin keine Ernährungswissenschaftlerin, aber auch schon lange keine Träumerin oder Amateurin mehr, die naiv diesem einfachen und logischen Ernährungskonzept folgt. Im Gegenteil, ich bin eine kritische Testerin an meinem Lieblingstestobjekt: Mir selbst :-) Und deshalb dürfen meine Leser sicher sein, dass die Rezepte, die ich (fast täglich) auf meiner Webseite http://www.vollwertkochbuch.de einstelle, auch wirklich nachvollziehbar sind, denn jedes Rezept habe ich während der Zubereitung dokumentiert und fotografiert.

Angeregt durch die vielen Besucher auf meiner Webseite habe ich dann 2007 begonnen, Bücher zu schreiben. Dort finde ich die Gelegenheit, das zu kombinieren, was mir Freude macht: verbal und graphisch gestalten.

Als eigene Bücher sind bisher erschienen:

- OneBBO's Castle lädt ein: Schau uns über die Schulter, 2007 BOD, ISBN 978-3833470493 (Belletristik)
- Rohkost statt Fasten: Ein Rohkosttagebuch für Normalos, 2007 BOD, ISBN 978-3833491221